PiA Heft 3/2008
Supervision

Inhalt

Freie Artikel und Berichte

Institutionen stellen sich vor

Buchbesprechungen

Zum Titelbild

Psychotherapie im Alter

Forum für
Psychotherapie,
Psychiatrie,
Psychosomatik
und Beratung

Herausgegeben von
Peter Bäurle, Münsterlingen; Johannes Kipp, Kassel; Meinolf Peters, Marburg/
Bad Hersfeld; Hartmut Radebold, Kassel; Astrid Riehl-Emde, Heidelberg;
Angelika Trilling, Kassel; Henning Wormstall, Schaffhausen/Tübingen

Psychosozial-Verlag

P⊞V

Impressum

Psychotherapie im Alter
Forum für Psychotherapie, Psychiatrie,
Psychosomatik und Beratung

ISSN 1613–2637
5. Jahrgang, Nr. 19, 2008, Heft 3

ViSdP: Die Herausgeber; bei namentlich gekennzeichneten Beiträgen die Autoren. Namentlich gekennzeichnete Beiträge stellen nicht in jedem Fall eine Meinungsäußerung der Herausgeber, der Redaktion oder des Verlages dar.

Erscheinen: Vierteljährlich

Hg: Dr. Peter Bäurle, Dr. Johannes Kipp, Dr. Meinolf Peters, Prof. Dr. Hartmut Radebold, PD Dr. Astrid Riehl-Emde, Dipl.-Päd. Angelika Trilling, Prof. Dr. Henning Wormstall

Die Herausgeber freuen sich auf die Einsendung Ihrer Fachbeiträge! Bitte wenden Sie sich an die Schriftleitung:
Dr. Johannes Kipp
Ludwig Noll Krankenhaus, Klinik für Psychiatrie und Psychotherapie
Klinikum Kassel
Dennhäuser Straße 156, 34134 Kassel
Tel. 0561/48 04-0 · Fax 0561/48 04–402
E-Mail: j.kipp@psychotherapie-im-alter.de
www.psychotherapie-im-alter.de

Redaktionelle Mitarbeit: Klaus Rudolf Schell (Schwerte)

Übersetzungen: Keri Shewring

Satz: Hanspeter Ludwig, Gießen

Anfragen zu Anzeigen bitte an den Verlag: anzeigen@psychosozial-verlag.de

Abonnentenbetreuung
Psychosozial-Verlag
E-Mail: bestellung@psychosozial-verlag.de
www.psychosozial-verlag.de

Bezug
Jahresabo 49,90 Euro · 85,50 SFr (zzgl. Versand)
Einzelheft 14,90 Euro · 26,80 SFr (zzgl. Versand)
Studierende erhalten gegen Nachweis 25% Rabatt.
Das Abonnement verlängert sich um jeweils ein Jahr, sofern nicht eine Abbestellung bis zum 15. November erfolgt.

Die Herausgabe der Zeitschrift wurde von 2004–2008 von der **Robert-Bosch-Stiftung** gefördert.

Die Herausgeber danken auch für die Unterstützung durch die Arbeitsgruppe **Psychoanalyse und Altern, Kassel**.

Editorial

»Yes, we can?«

Mit dieser Formel – natürlich ohne Fragezeichen – gelingt es Barack Obama, seine Wähler für den Glauben an eine bessere Zukunft einzuschwören. Wie im Leben des Einzelnen so soll es in der Geschichte einer Nation eben immer – oder gerade jetzt – aufwärts gehen. Wenn man davon spricht, dass jemand eine Zukunft hat, ist eine positive gemeint. Bei hochbetagten Menschen, insbesondere wenn sie bereits aufgrund ihrer gesundheitlichen Einschränkungen in einer Institution leben, können wir uns eine solche Zukunft schlecht vorstellen.

Plötzliche oder schleichende körperliche und geistige Einbußen im Alter sind eine Mahnung, dass das Leben nicht einfach so weitergeht, wie man es sich eingerichtet hatte – ein Memento mori, das wir gerne übersehen und überhören würden. Gerade ältere Patienten in psychiatrischen Kliniken äußern häufig den Wunsch, wenn man sie fragt, wie es weiter gehen solle, dass alles wieder so werden möge wie früher. Die herbeigewünschte Zukunft ist nichts anderes als ein illusionäres »Vorwärts in die Vergangenheit«, statt des weit mühsameren Anpassens an die unabwendbaren Veränderungen.

Wer in Institutionen mit Älteren arbeitet, ist folglich oft mit Menschen konfrontiert, die nicht oder nicht mehr »erfolgreich« altern. Sie sind uns gerade keine Vorbilder für das eigene Älterwerden und sie helfen uns nicht, eigene Ängste abzubauen und Zuversicht zu entwickeln. Das eigene Altersbild bleibt davon nicht unbeeinflusst. Erstaunlich viele Pflegekräfte lehnen das Heim als Ort der Betreuung für sich bei späterer Gebrechlichkeit vehement ab. Sie kennen die Hektik und Überlastung der Beschäftigten und den oft vergeblichen Wunsch der Bewohner nach Zuwendung. Sie fürchten aber auch, selbst einmal so zu werden – in Verhalten und Hoffnungslosigkeit – wie die alten Menschen, die sie jetzt betreuen.

Mit ihren Bildern vom Altern und ihren Ängsten bleiben die Pflegekräfte meist allein. Wider alle Erkenntnisse der gerontologischen Forschung, die bis ins vierte Lebensalter hinein ein hohes Maß an Lebenszufriedenheit festgestellt hat, dominieren bei ihnen resignative Vorstellungen. Trotz einzelner therapeutischer Erfolge und dem einen oder anderen positiven Gegenbild, das die wissenschaftlichen Ergebnisse bestätigen könnte, bleibt die Erfahrung der Zukunftslosigkeit vorherrschend. Ein tatkräftiges Schwimmen gegen den Strom der Zeit und des Lebens scheint ihnen – gefangen in den Mühen des Alltags der Pflege und Betreuung – nicht möglich zu sein. »No, we can't!«

Wer sich bewusst auf die begleitende und unterstützende Beziehung gerade zu Menschen mit Demenz eingelassen hat und sich von ihrer Unmittelbarkeit berühren lässt, dem stehen auch noch andere Erfahrungsmöglichkeiten offen. Solche Beziehungen sind zwar anstrengend, erfordern sie doch ein Hinaustreten aus den herrschenden Regeln von Rationalität, Ordnung und Anständigkeit, aber sie ermöglichen auch das Erleben unmittelbarer Emotionen und gewähren viele kleine lustvolle Erfolge situationsgerechter Intervention und gelungenen Gewährenlassens. Vielleicht schwindet für den einen oder anderen auch ein wenig die Furcht, selbst im Alter die Kontrolle zu verlieren und dann auf – hoffentlich – liebevolle Begleiter angewiesen zu sein.

Supervision stellt eine Möglichkeit dar, dass Pflegende mit den schwierigen Beziehungsangeboten nicht allein sind bzw. allein gelassen werden, sondern Wege finden, sich über die konkreten Beziehungserfahrungen auszutauschen. Dann müssen sie, wenn sie sich in der Gemeinschaft des Teams gehalten fühlen, sich nicht total von den Menschen, die sie pflegen, abgrenzen und verhärten.

In der Altenarbeit stößt man häufig an die Grenzen des Machbaren. Supervision kann, wenn die Supervisoren gerade die besonderen Beziehungsmöglichkeiten zu Demenzkranken kennen, den Kontext, also den Rahmen der Reflexion von den mehr oder weniger erfolgreichen Pflegeanstrengungen auf die Beziehung lenken und so eine Zukunft eröffnen, deren Maßstab nicht im sichtbar Geleisteten liegt. Meine Erwartung an Supervision ist, dass Menschen, die sich auf die Pflege und Therapie von alten, kranken Menschen einlassen, nicht ausbrennen, sondern auch aus den schwierigen emotionalen Erfahrungen ihr eigenes Leben bereichern. Die Erfahrungen, die ich mit den Supervisoren in der Klinik gemacht habe, die ich leite, sind so, dass ich sagen kann, solche Ziele sind erreichbar: »Yes, they can!«

Johannes Kipp (Baunatal)

Supervision im Altersbereich – eine Übersicht

Johannes Kipp (Baunatal)

Zusammenfassung

Supervision hilft, die eigene Arbeit und die damit verbundenen Schwierigkeiten in einem anderen *Kontext* zu sehen, um Handlungsalternativen entwickeln zu können. Überall dort, wo in der Altenhilfe und Gerontopsychiatrie Teamarbeit zustandekommt, kann auch fallzentrierte Teamsupervision angewandt werden – in der Schweiz und in Österreich häufiger als in Deutschland. Die publizierten Erfahrungen mit Supervision im Pflegeheim sind umfangreich: Feldkompetenz des Supervisors, Wissen um gerontopsychiatrische Erkrankungen und adäquate Institutionsziele sind Voraussetzungen, dass Supervision als hilfreich empfunden wird. Dies geht auch aus Umfrageergebnissen hervor.

Stichworte: Teamberatung, Balintgruppe, Pflegeheim, Anforderungen an Supervisoren, Umfrageergebnisse

Abstract: Supervision in Institutions for the Elderly – an overview

Supervision helps to see one's own work and one's own difficulties in another context. Everywhere where teamwork in caring for the elderly or in geropsychiatry occurs, case-centered team supervision is also applied – this is more frequent in Switzerland and Austria than in Germany. The published experiences with supervision in nursing homes are very comprehensive: the supervisor's field experience, knowledge of geropsychiatric illnesses and adequate institutional goals are required so that supervision is perceived as helpful. This also emerges from survey results.

Key words: Team counseling, Balintgroup, nursing home, demands on supervisors, survey results

1. Institutionelle Versorgung alter Menschen

Das Hilfesystem für alte Menschen ist nicht einfach zu beschreiben. Die Institutionen der Altenhilfe, die für Beratung, Betreuung und Pflege zuständig sind und von der Pflegeversicherung und den Sozialämtern aber auch privat finanziert werden, arbeiten ambulant (Pflegedienste), teilstationär (als Tagesstätte oder Tagespflege) und stationär (Heime). Der Heimbereich macht den größten Teil des Altenhilfesystems aus; dort werden Wohnung, Betreuung und Pflege zugleich angeboten, was mit spezifischen Konflikten einhergeht. Eine Unterstützung dieser Arbeit durch Supervision ist sehr hilfreich.

Mit zunehmendem Alter steigt die Krankheitshäufigkeit (Morbidität), sodass bei medizinischen Angeboten für ältere Menschen – insbesondere von der Allgemeinmedizin und nicht nur von der Geriatrie und der Gerontopsychiatrie – qualitativ und quantitativ deren Besonderheiten berücksichtigt werden müssen. Da die Verweildauern in Kliniken im Laufe der Jahre sehr viel kürzer geworden sind, ist beispielsweise die Zahl der gerontopsychiatrischen Betten vergleichsweise gering und in den letzten 20 Jahren noch deutlich gefallen. Viele psychisch kranke und dement gewordene alte Menschen, die früher in psychiatrischen Landeskrankenhäusern untergebracht waren und dort wohnten und betreut wurden, sind heute in Pflegeeinrichtungen. In Deutschland ist die Betreuung und Pflege alter kranker Menschen – insbesondere in Bezug auf die Finanzierung – ganz von der Medizin getrennt. Damit hängt auch zusammen, dass die ärztliche Versorgung in den Pflegeheimen bisher wenig koordinierbar ist, da das Prinzip der freien Arztwahl auch dort gilt. So kommt es in Heimen häufig zu einer konzeptuell wenig reflektierten Zusammenarbeit zwischen Ärzten und Pflegekräften, worunter viele Heime sehr leiden.

Die geriatrischen Abteilungen, die zur Inneren Medizin gehören, verstehen sich als medizinische und nicht auch als psychosoziale Einheiten; für sie ist Supervision eher ein Fremdwort.

2. Herangehensweise

Genau wie Individuen sind Teams und Arbeitsgruppen gefährdet, spezifische Abwehrformationen und Widerstände zu entwickeln, die sich nachteilig auf den Umgang und auf die Therapie mit Patienten auswirken. Durch Supervision kann dieser Entwicklung entgegengewirkt werden.

Die vorliegende Übersicht kann und soll keine neutrale Darstellung sein. Supervision ist mir wichtig und in den Kliniken, die ich leite, werden regelmäßig für alle Stations- und Bereichsteams fallzentrierte Teamsupervisionen durchgeführt. Supervision gehört hier zur Arbeit und findet natürlich in der Arbeitszeit statt. Damit alle Mitarbeiter an der Supervision teilnehmen können, wird die pflegerische Stationspräsenz vertretungsweise durch Mitarbeiter anderer Stationen gewährleistet. Ziel der Supervision ist es, neben der stabilisierenden Funktion für das Stationsteam, optimale Betreuungsformen für die besprochenen Patienten zu entwickeln. Nur wenn starke Team- oder Institutionskonflikte die Arbeit behindern, sollen in der Supervision diese Konflikte fokussiert werden, um wieder arbeitsfähig zu werden.

Das Ergebnis einer solchen ständigen Einbeziehung der Supervision in die tägliche Arbeit sind leistungsfähige, relativ optimistische Teams, die auch große Belastungen durchstehen. Nach einem Erlass des Hessischen Sozialministeriums im Jahre 1980 gehört Supervision zur modernen psychiatrischen Arbeit – eine Feststellung, die wichtig für unsere Pflegesatzverhandlungen war. Supervision sollte auch unverzichtbarer Bestandteil der Arbeit in Altenpflegeeinrichtungen sein.

Anhand der vorliegenden Literatur zur Supervision im Altersbereich werden in dieser Übersicht vor allem die Chancen, aber auch die Schwierigkeiten der Supervision herausgearbeitet.

3. Supervision – Aufgaben, Methoden, Ziele, Wirkfaktoren

Die Supervision hat viele Anwendungsbereiche – die Methode kommt bei Einzelpersonen, Arbeitsgruppen, innerhalb von Institutionen aber auch an den Schnittstellen der Zusammenarbeit zwischen Institutionen zum Einsatz. Die Zielsetzung von Supervision variiert dabei je nach Einsatzbereich.

Psychotherapeuten ist der Begriff der Supervision am geläufigsten und zwar vorwiegend in Form der Einzelsupervision, in der der angehende Psychotherapeut einem erfahrenen Therapeuten seine Ausbildungsfälle vorstellt und mit ihm reflektiert. Hier hat die Supervision Aufgaben der Fehlerkorrektur, des Trainings, der Beziehungs- bzw. Übertragungsreflexion, aber auch der Selbsterfahrung (Kontrollanalyse). Einer solchen Supervision liegen in der Regel Therapiestundenprotokolle zugrunde. Es gibt jedoch auch direktere

Formen der Therapiebeobachtung, sei es über den Einwegspiegel oder durch Tonband- und Videoprotokolle der Therapiesitzungen.

Je nach therapeutischer Methode sind die Supervisionsformen unterschiedlich; während in der psychoanalytischen und tiefenpsychologisch fundierten Psychotherapie vorwiegend die therapeutischen Dialoge reflektiert werden, kann es bei anderen Therapiemethoden auch sein, dass therapeutische Szenen noch einmal durchgespielt und im Rollenspiel neue Lösungen gesucht werden.

Supervision in Arbeitsgruppen oder Teams hat im Vergleich zur Ausbildungssupervision andere Ziele. Hier werden arbeitsbezogene Konflikte reflektiert und es wird versucht, für diese Konflikte Lösungen zu finden. Es geht darum zu erarbeiten, welche patienten- oder klientenbezogenen Schwierigkeiten und Einstellungen vorhanden sind, die das Erreichen der Arbeitsgruppenziele (z. B. optimale Betreuung oder Therapie) behindern, und welche alternativen Handlungsweisen möglich sind.

In der Supervision kann auch der Aspekt der Institutionsentwicklung im Vordergrund stehen. Hierbei ist es wichtig – im Gegensatz zur Teamsupervision –, dass Leitungskräfte an der Supervision teilnehmen. Während Teamsupervision am besten kontinuierlich durchgeführt wird, ist Supervision zur Organisationsentwicklung nur für einen zu bestimmenden Zeitraum sinnvoll.

Supervision in sozialen Institutionen hat in der Regel keine Aufsichts- und Kontrollfunktion, auch wenn der Name dies nahelegt und eine Autorengruppe (z. B. Petzold u. Petzold 1998) eine solche Zielsetzung vertritt.

Während bei der Institutionsentwicklung die Organisation im Mittelpunkt der Reflexion steht, richtet sich das Coaching meist an Einzelpersonen, die in der Leitung von Institutionen tätig sind, mit dem Ziel, die persönliche Entwicklung zur Erreichung individueller oder institutioneller Ziele zu fördern. Während in der Teamsupervision nur von wenigen Autoren angestrebt wird, konkrete Schritte zu planen und zu verabreden, geht es beim Coaching nach einer Situationsanalyse meist um die Erarbeitung konkreter individueller Verhaltensweisen, um festgelegte Ziele zu erreichen.

Was ist wirksam in der Supervision? Das Grundprinzip der Supervision liegt darin, die eigene Rolle, die eigenen Aufgaben, die Probleme und Wünsche der Patienten/Klienten und die Institutionszusammenhänge in einem *neuen Kontext* zu sehen, um durch die neuen Bezugs- und Interpretationsrahmen Handlungsalternativen entwickeln zu können.

Solche Veränderungen des *Handlungskontextes* werden erreicht, wenn beispielsweise die *Beziehungsebene* neben der sachbezogenen Kommunikation reflektiert wird oder wenn durch *Deutung* andere, unbewusste Intentionen unterstellt werden. Auch das Sammeln von *Beobachtungen, Einfällen und Fantasien* ermöglicht die *Umgestaltung des Kontextes* und die Entwicklung neuer Handlungsmöglichkeiten. Eine solche Kontextveränderung kann beispielsweise auch dadurch ermöglicht werden, dass der Supervisionsteilnehmer im *Rollenspiel* die Rolle eines Patienten/Klienten übernimmt.

Veränderungen des Kontextes und die Erarbeitung neuer Sichtweisen können in der Supervision im Einzelnen durch folgende Vorgehensweisen erreicht werden:

➤ *Die Handlungsabsichten der Klienten oder Patienten werden neu interpretiert.* Beispielsweise verschwand in einem Pflegeheim das Konfliktpotenzial um einen alten Mann, der nachts immer wieder zu Mitbewohnerinnen ins Bett schlüpfte, nachdem sein Verhalten in einer Supervision nicht mehr nur in einem sexuellen Kontext verstanden, sondern in ihm eine kindliche Verhaltensweise – Kinder, die nachts Angst haben, kommen ins Bett der Mutter – gesehen wurde. Das Ärgernis verschwand, die MitarbeiterInnen der Pflege konnten offensichtlich nach der Supervision besser mit dieser Schwierigkeit umgehen.

➤ *Die Konflikte in Teams werden patientenbezogen durchgearbeitet.* Wenn beispielsweise beide Schichten einer Station sich gegenseitig bekämpfen und sich gegenseitig vorwerfen, die andere Schicht mache mit einem Patienten etwas falsch, so ist es sinnvoll im Sinne der Fallsupervision (i. S. der Balintgruppenarbeit) Fragestellungen zur reflektieren, wie: »Was macht der Patient mit uns?« und: »Was machen wir mit dem Patienten?« Häufig zeigt sich dann, dass der Patient spaltet und die Schichten gegeneinander aufbringt, wie er vielleicht auch seine Kinder gegeneinander ausspielt.

➤ *Teamkonflikte sollten keinesfalls wie private Schwierigkeiten, z.B. als Familienkonflikte der Mitarbeiter, analysiert und bearbeitet werden.* Bei einer solchen Vorgehensweise ergeben sich meist keine arbeitsbezogenen Lösungen der Schwierigkeiten und die Supervisionsteilnehmer werden geschädigt, wenn die bei der Arbeit auftretenden Konflikte zu ihren persönlichen gemacht werden.

➤ *Mit der Reflexion der Aufgaben wird auch die Berufsrolle erweitert.* Supervision spricht z.B. die beteiligten Mitarbeiter nicht nur als Weisungsabhängige, sondern auch als Verantwortung übernehmende Entscheider an.

> *Die Ziele und die damit zusammenhängenden Aufgaben werden genauer reflektiert.*

Beispielsweise entstehen in einem Pflegeheim Schwierigkeiten, wenn die Mitarbeiter ihre Aufgabe darin sehen, alte Menschen in Konkurrenz zum verlegenden Krankenhaus heilen zu wollen, und dabei vergessen, die Wohnwelt des Heims zu einer qualitativ guten Lebenswelt zu entwickeln.

> *Durch die Erarbeitung von biografischem Wissen wird der Umgang mit Patienten oder Klienten verändert.*

Arbeitet man beispielsweise heraus, wie ein pflegebedürftiger alter Mensch früher im Leben gestanden hat, wird der Umgang mit ihm leichter und die Schwierigkeiten mit ihm werden verständlicher.

> *Wissen wird vermittelt.*

Macht beispielsweise ein Patient dadurch Schwierigkeiten im Pflegeheim, dass er immer wieder weglaufen will, so kann es hilfreich sein, wenn der Supervisor Fakten zu den hirnorganischen Ursachen oder zur Psychodynamik dieses Wanderverhaltens vermittelt.

> *Im Rollenspiel werden Handlungsalternativen erarbeitet.*

So können mit Teams in Pflegeheimen Besuchssituationen von Angehörigen durchgespielt werden, die immer etwas auszusetzen haben und die ihre alten Angehörigen manchmal in großer Verwirrung nach ihrem Besuch zurücklassen; danach können diese anders mit solchen Situationen umgehen.

Kontextveränderungen werden natürlich nicht nur durch Supervision erzeugt, sie ergeben sich notwendigerweise, wenn größere Veränderungen in Institutionen auftreten. Sicher sind viele *Kontextveränderungen* nicht nur positiv wirksam, vielmehr – vielleicht angesteckt durch die begrenzte Lebensperspektive der alten Klienten und Patienten – verursachen solche Veränderungen häufig die Angst, dass alles nur schlechter werde. Positive Veränderungen sind dann zu konstatieren, wenn die einzelnen Mitarbeiter sich mitverantwortlich für die Entwicklungen und Veränderungen der Institution und für die dort betreuten Menschen fühlen. Supervision allein kann dies nicht bewirken. Die Ziele der Institution müssen mit den Mitteln und Möglichkeiten der MitarbeiterInnen übereinstimmen und insgesamt bedarf es eines wertschätzenden Umgangs miteinander.

In der Supervision kann nicht eine einzige Methode »durchgezogen« werden, vielmehr ist darauf zu achten, wie zu Beginn einer Supervisionssitzung die Belastung und Konfliktspannung in einer Arbeitsgruppe oder einem Team aussieht. Manchmal können die Teammitglieder relativ offen miteinander sprechen, ohne sich zu verletzen. Dann gibt es wieder Situationen, in denen die Arbeitsbelastung oder auch die institutionelle Konfliktdynamik so ausufert, dass ein Sprechen kaum möglich ist. Je nach der momentanen Arbeits- und Sprachfähigkeit der Supervisionsgruppe kommen drei unterschiedliche Supervisionsformen in Frage:

1. Ist das Team arbeitsfähig und nicht zu angespannt, so kann die fallzentrierte Reflexion als Arbeitsform zum Einsatz kommen. Es geht dann darum, die individuelle Geschichte des Bewohners oder Patienten zu erarbeiten, die unterschiedlichen Beziehungsformen und -schwierigkeiten darzustellen und die Betreuungsziele etc. herauszustellen, um daraus eine neue Sichtweise zu erarbeiten.

2. Ist ein Team akut durch besondere Vorkommnisse – sei es durch Schwierigkeiten mit Patienten oder Klienten, sei es durch Interventionen der Leitung – besonders belastet, ist es notwendig, die Belastungssituation zu besprechen und Lösungsmöglichkeiten zu erarbeiten.

3. Ist ein Team in einer Dauerbelastung und ist die Mehrzahl der Teammitglieder in der Supervisionssitzung nicht in der Lage zu sprechen – ein Zustand, der nicht selten ist–, so ist es am günstigsten, wenn in der Supervision Wissen vermittelt wird. Durch mehr Wissen kann die Arbeitssituation auch in einem anderen Kontext gesehen werden. Der Versuch, in einer solchen Situation Konflikte durchzuarbeiten, wobei sich nur wenige Mitarbeiter äußern, während die anderen schweigen, ist dagegen als eher schädlich einzuschätzen.

Die vielfältigen Anforderungen im Umgang mit Heimpersonal und mit gerontopsychiatrisch-Tätigen sind, wie in einem Forschungsseminar (Radebold et al. 1987) im Rahmen des Modellprogramms Psychiatrie in der Modellregion Kassel herausgestellt wurde, »nicht durch den bekannten und in der Arbeit mit anderen Institutionen vertrauten Rahmen der »klassischen« Supervision abzudecken« (134f). Hier können inzwischen aufgrund langjähriger Erfahrungen mit Supervision – also rund 20 Jahre später – präzisere Aussagen in Bezug auf Kompetenz der Supervisoren und auf die feldspezifischen Vorgehensweisen formuliert werden.

Die grundlegenden Methoden und Ziele der Supervision nach Eck (1998, 25) sind jedoch allgemein und auch für die Arbeit im Altersbereich gültig. Es geht um:

1. Fallarbeit,
2. Kompetenzentwicklung,
3. Organisationsentwicklung und
4. Vorbeugung von Burn-out.

4. Anforderungen an Supervisoren

Welche Anforderungen sind an SupervisorInnen im Altersbereich zu stellen? Sicher müssen sie ihre Supervisionsmethode gut beherrschen, um erfolgreich zu arbeiten. Hinzu kommt aber noch die Notwendigkeit der *Institutions-* und der *Feldkompetenz.*

Entsprechend der Zielsetzung der Institution sind die Aufgaben der Mitarbeiter zu reflektieren. Es ist nicht nützlich, wenn der Supervisor Größenfantasien nachhängt und die ganze Institution beeinflussen will. So ist mir das Scheitern einer Supervision bekannt, bei der der Supervisor – ein Psychoanalytiker – sich die Aufgabe gesetzt hatte, die »Klinik auf die Couch zu legen«. Die erzeugten Konflikte konnten nur noch durch Entlassungen gelöst werden.

Institutionskompetenz ist also notwendig, um konkrete Ziele, Möglichkeiten und Grenzen einer Institution aufzuzeigen und um Mitarbeiter und Teams zu ermutigen, sich in diesem Rahmen zu entfalten. Supervisoren, die nie in einer Institution gearbeitet haben, bzw. die sich nie in einer Institution entfalten konnten, sondern im Streit eine solche verlassen haben, um nach der Supervisorenausbildung Institutionen zu verändern, bringen nicht die notwendige Institutionskompetenz mit.

Ähnlich wie bei der Supervision in der Psychiatrie, in der die Kenntnis von Konfliktlösungsstrategien von gesunden oder normal neurotischen Menschen nicht ausreicht, um psychotische Lösungen zu verstehen, sind auch von Supervisoren, die mit Teams und Institutionen im Altersbereich arbeiten, spezifische Fachkenntnisse, eine sogenannte *Feldkompetenz* (Petzold u. Müller 2005) zu fordern.

Die meisten Autoren, die im Altersbereich Supervision gemacht haben, halten eine geriatrische bzw. gerontopsychiatrische Feldkompetenz (z. B. Sprung-

Ostermann u. Radebold 1994, Radebold 2000, Petzold 2003) für notwendig. Auch unsere Arbeitsgruppe hält eine solche *Feldkompetenz* für unabdingbar. Andere Supervisoren meinen, dass auf eine spezifische Feldkompetenz verzichtet werden kann, wenn der Supervisor seine Supervisanden als Spezialisten dieses sozialen Feldes anspricht und nicht versucht, sich als besserer Spezialist in die Supervision einzubringen (so Wittenberger 2008, mündl. Mitteilung). Lemke (1998) hat eine ähnliche Position und meint, dass jedes Mitglied der Supervisionsgruppe seine spezifische Feldkompetenz einbringe und dass der Supervisor nur die Kompetenz als Katalysator, als Moderator oder als Fachmann für Kommunikationsprobleme und Krisenbewältigung brauche. U.E. lässt Lemke dabei den oft geringen Kenntnisstand, den die Mehrzahl der MitarbeiterInnen in Pflegeheimen hat, außer acht. In Erfahrungsberichten über Teamsupervision im Altersbereich findet sich auch nirgends eine explizite Aussage, dass Supervisoren keine Feldkompetenz brauchen.

Feldkompetenz des Supervisors ist auch dann notwendig, wenn ein Team durch Konflikte so belastet ist, dass weder Fallarbeit noch Konfliktbearbeitung möglich ist, sondern wie oben beschrieben Wissensvermittlung herangezogen werden muss, um eine positive Gruppenarbeit zu ermöglichen.

5. Supervision in den unterschiedlichen Settings der Altenarbeit

Viele MitarbeiterInnen in Altersinstitutionen haben, wie Radebold (2000) ausführt, überhaupt keine oder zumindest für den Altersbereich keine ausreichende Ausbildung. Deshalb muss Teamsupervision zunächst Fortbildungsaufgaben übernehmen, um einen gemeinsamen Wissens- und Qualifikationsstand als Voraussetzung für eine erfolgreiche Supervision zu erwerben. Zu diesem Wissen gehört, dass:

➤ ein adäquates Bild von Älteren sich an den *Kompetenzen/Potenzialen* und/oder an einem Modell der *Aufgaben und Entwicklungsstufen des Alterns* zu orientieren hat. Die therapeutische und beratende Zielsetzung darf sich nicht an einem statischen oder nur defizitorientierten Bild des Alters und des Altseins ausrichten.

➤ jüngere MitarbeiterInnen mit den schwierigen, beunruhigenden und negativen Seiten des Alterns durch behandlungsbedürftige, über-60-jährige PatientInnen konfrontiert werden.

➤ alte Menschen in großem Umfang *Verluste* erleben und erleiden mussten.

➤ Altern narzisstische Kränkungen, tiefe Beschämungen und vielfältige Aggressivität mit sich bringen kann.

➤ therapeutisches Handeln vertrauensvolle und insgesamt *stabile emotionale Beziehungen* voraussetzt. Jüngere HelferInnen erleben aufgrund der unbewussten Übertragungskonstellation, in der sie als Kinder angesprochen werden, oft erhebliche Schwierigkeiten.

➤ *regressive Bedürfnisse* der Älteren die helfende Beziehung belasten. Diese Bedürfnisse bewirken, dass jüngere HelferInnen in eine Elternposition kommen (klassische Übertragung).

➤ die Alten für die jüngeren HelferInnen die Menschen (Täter) verkörpern, die für den Zweiten Weltkrieg und das Dritte Reich verantwortlich waren. Auch wenn die Alten eine solche Rolle innehatten, sind sie häufig in der Kriegs- und Nachkriegszeit traumatisiert worden. In Abhängigkeitssituationen kann es zur *Traumareaktivierung* und *Retraumatisierung* kommen.

Radebold (2000) betont, dass *Feldkompetenz* aus solchen Gründen unabdingbar notwendig ist. Er wendet sich mit diesen Ausführungen gegen Weiterbildungsinstitutionen, die davon ausgehen, dass Supervisionsarbeit im Altersbereich auch ohne diese Voraussetzung sinnvoll gemacht werden könne.

Sehr verstreut liegen in der Literatur Beschreibungen und Erfahrungsberichte über die Supervision im Altersbereich vor; der überwiegende Teil dieser Arbeiten widmet sich der Supervision im Pflegeheim.

5.1 Supervision im Pflegeheim

Im Rahmen einer engen Kooperation mit vertraglichen Absprachen zwischen einer psychiatrischen Abteilung und einem Pflegeheim (Warsitz u. Kipp 1984) haben wir schon sehr früh versucht, die therapeutische Kompetenz eines Pflegeheims sowohl durch ambulante psychiatrische und psychotherapeutische Betreuung der Bewohner als auch durch 14-tägige Fallbesprechungen weiterzuentwickeln. Diese Form von ambulanter Betreuung und Supervision aus einer Hand hat sich nicht durchgesetzt, jedoch war sie für die Teamentwicklung sehr wirksam und ermöglichte, dass auch psychiatrisch sehr schwierige Patienten in Krisen nicht mehr in die Psychiatrie zurückverlegt wurden.

In den von einem Arzt geleiteten Teambesprechungen stand anfangs fallzentriert die Informationsvermittlung im Vordergrund. Dann gewannen die Fallbesprechungen zunehmend den Charakter einer balintgruppenartigen Teamsupervision mit einem externen Supervisor. Vor dem Hintergrund der Krankengeschichte eines Bewohners wurden die aktuellen Schwierigkeiten bei seiner Pflege beleuchtet und als Wiederholung früherer Beziehungsprobleme aufgefasst. Die Wahrnehmung des Umgangs miteinander im Team wurde nicht nur hinsichtlich möglicher Rollen- und Hierarchiekonflikte untersucht, sondern auch als Indikatoren für die Wechselwirkung zwischen PatientInnen und Pflegekräften verstanden. Themen, wie der schwierige Umgang mit chronischen Erkrankungen, die ständige Konfrontation mit Sterben und Tod, die Identitätsprobleme der jüngeren HelferInnen, die mütterliche Funktionen gegenüber älteren PatientInnen ausüben mussten, und Probleme der Sexualität im Alter und im Pflegeheim wurden reflektiert.

Die Stationsteams entwickelten sich bei dieser Form der intensiven Fallbesprechungen, die von der Heimleitung unterstützt wurde, zu relativ selbstständigen, psychodynamisch denkenden Arbeitsgruppen. Die heimtypischen regressiven Hierarchiekonflikte brachen in Krisensituationen allerdings schnell wieder auf.

In einer anderen Arbeit zeigt Warsitz (1984) auf, dass in Stationsteams von Altenpflegeheimen häufig Kollusionen (d.h. ein *unbewusst abgestimmtes Zusammenspiel* zweier oder mehrerer Personen) wie in Familien vorhanden sind. Hat beispielsweise eine von allen als autoritär erlebte Stationsschwester gekündigt und wurde eine ganz anders geartete Nachfolgerin ausgewählt, so muss diese in Krisensituationen die alteingefahrenen Strukturen wieder übernehmen, wenn diese nicht in der Supervision reflektiert wurden. Ziel bei der Reflexion der Kollusionen, die meist mit analen Machtkonflikten einhergehen, ist es, im Rahmen von Supervisionssitzungen den Übergang von komplementären Kollusionen (idealtypisch: »ich bin so ohnmächtig, weil ihr so übermächtig seid«) in symmetrische zu ermöglichen (idealtypisch: »es ist genauso wichtig, jemanden zu verstehen, wie ihn zu pflegen«). Dies ist möglich, wenn man als Supervisor das Problem nicht schulmeisterlich aufklärend aus der Welt schaffen will, sondern die unbewusste Kollusion als Schutzmechanismus versteht, der hilft, frustrierende und bedrohliche Wahrnehmungen von sich fernzuhalten.

Diese beschriebene Zusammenarbeit zwischen psychiatrischer Klinik und Pflegeheim besteht weiter, jedoch werden seit langen Jahren die Supervision von einem erfahrenen Facharzt und die ambulante Behandlung der Patienten von einem anderen Facharzt durchgeführt (Kipp u. Jüngling 2007).

Ausführlich beschreibt Hirsch (1993) Probleme der Supervision und der mehrdimensionalen Teamberatung im Altersbereich, insbesondere in Altenheimen und in gerontopsychiatrischen Kliniken. Auch Hirsch reflektiert die Bedeutung der Feldkompetenz. Er betont die Notwendigkeit, dass der Supervisor Erfahrungen in der Arbeit im Altenpflegeheim mitbringt, weist aber gleichzeitig darauf hin, dass seine eigene Erfahrung kein Maßstab für die Reflexion in der Teamsupervision sein dürfe.

Neben vielen anderen Überlegungen geht Hirsch auf die Besonderheit der Beziehung zu alten Menschen ein: »Gerade manche älteren Menschen versuchen, jüngere Helfer ›auszusaugen‹. Ältere sind manchmal sehr neidisch auf die Jugend, Kraft und Gesundheit der Jüngeren und setzen alles ein, diese auf sich zu übertragen« (143). Er beschreibt damit ein Phänomen des besonderen Narzissmus älterer Menschen (tertiärer Narzissmus, vgl. Kipp u. Jüngling 2007), der sich in einem Wechselbad der Beziehungsangebote zeigen kann, sowie in der Tendenz, Pflegeteams zu spalten.

Belardi (1996) definiert diese Problematik in seiner Form der Supervision als Nähe-Distanz-Problem: MitarbeiterInnen haben den Wunsch nach Nähe, die dann auf Dauer für sie bedrohlich und quälend wird. Sie kommen dadurch in ein Wechselbad der Gefühle. Wenn MitarbeiterInnen dieses mehrfach mitmachen, stellt sich ein Praxisschock ein, der es mit sich bringt, dass sie sich ausgebrannt fühlen und über die verlorengegangenen Ideale trauern müssen. In diesem Zusammenhang reflektiert er Machtverhältnisse und geht auf die Ausübung von Gewalt in der Pflege, aber auch auf das Burnout-Problem ein.

Zu den Aufgaben des Supervisors gehört es deshalb, die Zielsetzungen eines Teams kritisch zu reflektieren (Hirsch 1993). Sind die Ziele irreal hoch gesteckt, kommt es leicht nach einer Phase der Überlastung zu Enttäuschungen und zu Fehlern bei der Arbeit.

Wichtig ist der Hinweis von Hirsch, dass Supervision in manchen Institutionen (noch) nicht angezeigt ist. Dies ist beispielsweise der Fall, wenn in einem Heim gerontopsychiatrische PatientInnen betreut werden und die

MitarbeiterInnen eher keine Kenntnisse über gerontopsychiatrische Erkrankungen haben. Er nennt das dann notwendige Vorgehen »mehrdimensionale Teamberatung« (272ff), das folgende Komponenten beinhaltet:

1. Vermittlung von Theorie zu gerontopsychiatrischen Krankheitsbildern (z. B. Ursachen, Diagnostik und Behandlungsmöglichkeiten),
2. Falldemonstrationen,
3. Beziehungsdiagnostik und Überlegungen zu einer Gesamtdiagnose und
4. praktische Erarbeitung von Handlungsstrategien (wie sie in seiner Form der Supervision vermittelt werden). (276)

Dieser Position von Hirsch (1993) entsprechen die Erfahrungen unserer Arbeitsgruppe. Beispielsweise führten wir aus solchen Gründen zu Beginn unserer Zusammenarbeit mit einem Pflegeheim einen achtstündigen Kurs zur Wissensvermittlung in der Gerontopsychiatrie für alle MitarbeiterInnen durch, bevor wir mit der Supervision der einzelnen Stationsteams begannen. Trotz dieses vorausgehenden Kurses war es wichtig, dass der Supervisor weiterhin zu fachlichen Themen Stellung nehmen konnte. Beispielsweise wird eine Supervision sicher zu einem anderen Ergebnis führen, wenn in einer Fallbesprechung von den Problemen mit einem aggressiven Patienten gesprochen wird und der Supervisor den wissenschaftlich nachgewiesenen Sachverhalt mitteilen kann, dass es keine nachgewiesene Wirkung von Medikamenten gegen Aggressionen gibt.

Teising (1995), früheres Mitglied unserer Arbeitsgruppe, geht davon aus, dass Supervision in der Gerontopsychiatrie Gewohntes und Traditionelles in Frage stellt und damit einem emanzipatorischen Anspruch nachkommt. Nach Teising geht es um die »freie Mitteilung von Gedanken und Gefühlen« (101). Damit ist aber auch eine Gefahr verbunden: Die in der Supervision erlaubte und erwünschte Mitteilung von Gefühlen und Fantasien kann als Legitimation für das Agieren solcher Affekte in Form aggressiven Handelns missverstanden werden. »Eine wichtige Voraussetzung für das freie Äußern von Fantasien, nämlich die Fähigkeit, Fantasie und Handlungsebene zu trennen, analog zur therapeutischen Ich-Spaltung, kann bei den Teilnehmern gerade gerontopsychiatrischer Supervisionsgruppen nicht vorausgesetzt werden« (102). Genau deshalb ist nach Teising in der Supervision auch konkrete Handlungsanleitung notwendig, die natürlich aus psychoanalytischer Sicht den Widerstand stärkt, sich auf unbewusste Beziehungsprozesse einzulassen.

Eine weitere Aufgabe der Supervision sieht Teising darin, das Wissen der

Teilnehmer um die biografische und historische Perspektive zu erweitern, damit bei den PatientInnen Ressourcen aus dem früheren Leben reaktiviert werden können. Im Zusammenhang mit der Lebensgeschichte ist es auch wichtig, mit den BewohnerInnen über die Verluste zu trauern.

Koch-Straube greift in ihrer ethnologischen Studie »Fremde Welt Altenheim« (2003) die Schwierigkeiten der Kommunikation im Altenheim auf sowie die begrenzt vorhandenen Möglichkeiten, alten Menschen gerecht zu werden.

Erich Schützendorf (1999) hat sein Buch ›Das Recht der Alten auf Eigensinn‹ so aufgebaut, wie wenn die Überlegungen direkt in Teambesprechungen oder Supervisionen zur Sprache gekommen wären. Er weist darauf hin, dass Gepflegte und Pflegende in unterschiedlichen Welten wohnen. Er zeigt in einer bildreichen und erlebnisnahen Sprache auf, wie die Pflegenden zeitweise ihre zielbewusste und ergebnisorientierte Welt der ›Großen Erwachsenen‹ verlassen sollten, um sich auf die Eigenzeit der demenzerkrankten Pflegebedürftigen einzulassen.

Die Vorstellungswelt der ›Großen Erwachsenen‹ trägt auch nicht dazu bei, die Fantasiewelt eines Kindes zu verstehen: Man muss sich schon mit ihm gemeinsam auf den Teppich legen, um zusammen mit fantasierten Autos zu spielen. In der Supervision ist es möglich, an eigene kindliche Gewohnheiten zu erinnern, durch die irrational wirkende Verhaltensweisen von PflegeheimbewohnerInnen einfühlbar und verständlich werden können. Für dieses Vorgehen bringt Schützendorf viele bildhafte Beispiele.

In ihrem überaus lesenswerten Handbuchartikel macht G. Junkers (2000) auf andere Weise auf die besondere Welt des Pflegeheims aufmerksam. »Bei hirnorganischen Prozessen und nachlassenden Denk-, Kontroll- und Affektsteuerungsmöglichkeiten drückt die Primärpersönlichkeit der Kommunikation mit der Betreuungsperson ihren Stempel auf. Archaische, entwicklungspsychologisch frühe Kommunikations- und Abwehrformen wie auch ein starker regressiver Sog beherrschen dann das Miteinander in der Institution sowie zwischen Pflegendem und Gepflegtem« (381). Die Arbeit in Alteninstitutionen wird außerdem »von einer gemeinsamen unbewussten Fantasie geleitet« (383), Tod und Sterben verhindern zu können. Deshalb sind die Konflikte dort »durch Ohnmacht einerseits und deren Abwehr durch Allmacht und Verleugnung andererseits gekennzeichnet« (383). Mit dieser durch Regression gekennzeichneten Dynamik wird die Triade (Fähigkeit zur Mehrpersonenbeziehung) ausgeschaltet und es gibt einen Sog hin zur dyadischen Beziehung.

»Dritte« von außen – so auch Supervisoren – werden dann als feindselige Bedrohung erlebt. »Supervision sollte (aber) die Belastung durch die Arbeit erleichtern« (391). Dieses Ziel zu erreichen ist schwierig, insbesondere wenn die Supervision verordnet wird. Es ist deshalb bei der schweren Arbeit im Pflegeheim, die – laut Junkers – nur mit einem bestimmten Maß von Masochismus aushaltbar ist, Aufgabe des Supervisors, »die Belastungsgrenze aufzuspüren und sie zu wahren, d. h. u. U. die Leugnung der seelischen Probleme anzuerkennen und die Abwehr zu stärken« (389).

»Vorrangig finden sich auch bei den Mitarbeitern frühe Abwehrformen: Spaltung und Leugnung« (389), meint Junkers. »Diese stehen in Wechselwirkung mit den Problemen, die sich aus dem Umgang mit Trennung, Abschied und Sterben ergeben. Eine Möglichkeit, die Schuldgefühle zu verarbeiten, sind Wiedergutmachungswünsche, die oft zum Vehikel für unrealistische Wünsche werden« (389).

Junkers listet die Ziele der Supervision im Pflegeheim auf. Es geht darum, die Belastung durch die Arbeit zu erleichtern, professionelle Weiterentwicklung zu ermöglichen, fortzubilden, sich für lebensgeschichtliche Zusammenhänge zu interessieren und die Fähigkeit zu erarbeiten, wie mit dem Gefühl starker Betroffenheit umzugehen ist. Dies ist nur möglich durch eine gewisse emotionale Distanz zu dem Erlebten, die sich über das Versprachlichen herstellen lässt. Auch Junkers hält Feldkompetenz dabei für unerlässlich. Sie betont, dass es im Pflegeheim immer um eine fallzentrierte Teamsupervision gehen sollte, durch die jedoch organisatorische Mängel nicht ausgeglichen werden können.

Einen ähnlichen, feldzentrierten Ansatz vertritt Neidhard (2000), der die Schwierigkeiten der Arbeit vor allem darin sieht, dass der veränderten Emotionalität der Demenzerkrankung nicht genügend Rechnung getragen werde. Er strukturiert seine Supervisionssitzungen mit Teams im Altenpflegeheim in vier Phasen:

1. *Phase der Informationssammlung:*
   In den emotionalen Auseinandersetzungen mit schwierigen dementen Patienten entwickeln die MitarbeiterInnen nach Neidhard ein Art Spiegelphänomen und tendieren in der Art von Dementen dazu, kognitive Sachverhalte auszuklammern. Diesem Phänomen soll in der Supervision entgegengearbeitet werden.

2. *Phase der aktiven Suche nach »unterbliebenen« Informationen:*
   Ziel in dieser Phase ist es, Scham zu überwinden und auf konkretes

Nachfragen hin den besprochenen Fall zur *Person* werden zu lassen, gegenüber der es möglich ist, »die zur Erfüllung des Arbeitsauftrages notwendige Distanz zurückzugewinnen« (108).

3. *(Durch Fantasiearbeit gestützte) Phase der Reflexion der Beziehung:* Hier geht es darum, ein Bild aus einer früheren (meist kindlichen) Lebensphase der BewohnerInnen zu wählen und aus dieser Perspektive – ganz abgetrennt vom Pflegealltag – die Beziehungsschwierigkeiten zu verstehen. Im Pflegealltag kommt es ständig zu »Re-Inszenierungen von frühen Beziehungserfahrungen der BewohnerInnen zu den Pflegekräften. Die Pflegekräfte spielen in diesen Inszenierungen meist mit« (110).

4. Phase der Suche nach neuen Zugängen und Überlegungen zur Umsetzung in die Pflegepraxis.

Voll ironisch dargestellter Enttäuschung erzählt Schmidbauer eine fiktive Geschichte (2000) von dem Versuch einer Supervision in einem Pflegeheim, in dem der Heimleiter zwar ein guter Pfleger ist, aber seine Rolle als Leiter nicht ausfüllt. In dieser Geschichte wird auch eine widerspenstige Patientin geschildert, die sich unterschiedlich zu den verschiedenen MitarbeiterInnen verhält. Auf diese patientenbezogene Schwierigkeit, die spezifisch für gerontopsychiatrische Störungen ist, geht er nicht – wie Teising, Junkers oder Neidhard – ein. Vielleicht hätte Schmidbauer seine fiktive, aber auf Erfahrungen in der Supervisorenausbildung beruhende Geschichte doch anders konzipiert, wenn er sich mehr mit dem Umgang mit Demenzkranken beschäftigt und auf die Notwendigkeit von Feldkompetenz geachtet hätte.

Kaddig u. Feige (1998) fordern in einem Tagungsbeitrag: »Für dieses Feld müssen neue Supervisionskonzepte entwickelt und der Supervisionsbegriff erweitert werden« (50). Aus meiner Sicht geht es hier auch um Probleme, die auftreten, wenn Supervisoren sich nicht mit psychischen Alterserkrankungen auskennen, also keine Feldkompetenz mitbringen und so hoffnungslos der Institutionsdynamik ausgeliefert sind.

Maxeiner (2003) artikuliert weniger die spezifischen Belastungen, die von den HeimbewohnerInnen und den Schwierigkeiten in der Pflege ausgehen. Die dargestellten Supervisionserfahrungen sind vor allem durch die Thematisierung des Migrationshintergrundes der MitarbeiterInnen geprägt. Er unterstützt diese, indem er sie von ihren individuellen Lebenserfahrungen erzählen lässt, und weist darauf hin, dass Konflikte häufig in Versetzungen und Kündigungen zum Ausdruck kommen. So hat für ihn die Feldkompetenz keine ausdrückliche Bedeutung. Er geht aber in der Supervision auf auftretende Schuldgefühle ein.

Grawe (2007) beschreibt mit einem ähnlichen Ansatz ihre vergeblichen Versuche, einen Konflikt in einem Team zu klären, aus dem eine Pflegemitarbeiterin mit einem Migrationshintergrund wegen ihres rauen Tones ausgestoßen wurde. Erst im Nachhinein und gespeist durch zusätzliche Informationen in einer Einzelsupervision ließ sich dieser Konflikt auch als Konflikt zwischen zwei verfeindeten Volksgruppen (Serben und Slowenen), denen die Mitarbeiterinnen angehörten, verstehen. In einer zweiten Fallschilderung standen die Konflikte zwischen Altenpflegerinnen mit Migrationshintergrund und eingesessenen, weniger gut ausgebildeten Mitarbeiterinnen im Vordergrund, die sich durch Fallbesprechungen reduzieren ließen.

Auch bei der Supervision von Bauer und Gröning (1995) scheinen die Bewohner eines Heimes keine wesentliche Rolle zu spielen. Im Mittelpunkt der Aufmerksamkeit stehen hier die Geschlechterkonflikte der Betreuenden und nicht die Probleme, die von den Betroffenen ausgehen. Es wird in der Beschreibung nicht sichtbar, wie erfolgreich diese Supervision verlief.

Petzold u. Petzold (1998) führen ein Ko-Respondenz-Modell der Supervision ein und beschreiben einen Zyklus von Reflexion und Handlung, der sich wie die Beschreibung einer Methode der Organisationsentwicklung liest, jedoch am Beispiel einer Supervisionssitzung aufgezeigt wird. Als Ergebnis der beispielhaft dargestellten Sitzung wird eine Arbeitsgruppe eingerichtet, die nach einer halbjährigen Arbeit eine tägliche Aktivitätengruppe für Bewohner organisatorisch auf die Beine stellt.

Wohl im Zusammenhang mit Patientenmorden in Österreich hat Supervision nach Ansicht der Arbeitsgruppe um Petzold auch Kontrollaufgaben. »Die multiple Belastungssituation birgt das Risiko, dass es zu ›malignen Burnout-Prozessen‹ (Petzold/Petzold 1996) kommt« (247). »Hier ist die Supervision wesentlich in der Funktion der Entlastung und der Gewährleistung stützender kollegialer Hilfe, aber auch von Kontrolle gefragt« (246).

Petzold und Müller (2005) haben ein Buch über die »Supervision in der Altenarbeit, Pflege und Gerontotherapie« vorgelegt, in dem verschiedene Autoren ihrer Arbeitsgruppe zu Wort kommen. Es ist kenntnisreich, aber leider recht apodiktisch geschrieben. Knaus (2005) hebt im Zusammenhang mit dem Auftreten von körperlicher und psychischer Gewalt in Heimen hervor, dass Supervision helfen könne, »maligne Entgleisungen zu verhindern, wenn sie sich zu ihrer Kontrollfunktion (und auch diese ist ja faktisch gegeben;

Petzold et al. 1999/2001) bekennt. Begleitung der Pflegenden in Form von Supervision könnte gewaltprophylaktisch wirken« (21). Dieser Gesichtspunkt wird in den von dieser Arbeitsgruppe publizierten Befragungen (vgl. unten) nicht überprüft.

Zu diesem Kontrollaspekt der Supervision haben andere Autoren bisher keine Stellung bezogen. Aus psychoanalytischer Sicht besteht in Supervisionen eine Gefahr, reale Gewalt dann zu übersehen, wenn nur über ein gutes Umgehen geredet und Destruktion und Todestrieb ausgeklammert werden.

Der Kontrollaspekt hat nach Varevics u. Petzold (2005, 130) noch eine weitere Bedeutung: Supervision dient der Qualitätskontrolle. Hinzu kommen die Aufgaben der fachlichen Unterstützung von Mitarbeitern und der reflektierenden Praxeologie, bei der es um die Schaffung von Theorie mit Praxisrelevanz geht. Im Vorgehen des Supervisors sind dabei *drei Formen der Identifikation* wichtig (132f),

➤ die projektiv persönliche, bei der der Supervisor herauszufinden versucht, was er an Stelle des betroffenen Mitarbeiters getan hätte,

➤ die empathisch-intuierende, in der der Supervisor versucht, die Sichtweise des Betroffenen aufzunehmen, und

➤ die sozialperspektivische, durch die der Supervisor sich für die sozialen Einflüsse auf den/die Betroffene/n zu sensibilisieren sucht.

Das angestrebte Vorgehen wird als *integrative Supervision* bezeichnet (Sange 2005), die – laut Sange – ein theorie- und methodenübergreifendes Verfahren ist (172). In allen Artikeln dieses Buches wird die Notwendigkeit der Feld- und Fachkompetenz des Supervisors hervorgehoben. Diese Feldkompetenz hat schon in die Ausbildungsgänge für Supervisoren Eingang gefunden, die von dieser Arbeitsgruppe verantwortet werden.

5.2 Supervision in der ambulanten Altenhilfe

Die ambulante Altenhilfe war früher in Händen von Sozialstationen und wird jetzt vor allem auch durch privat organisierte ambulante Pflegedienste durchgeführt, in denen schon aus Zeitgründen Teamarbeit keine große Rolle spielen kann. Beschreibungen über Supervisionen für Teams, die in der ambulanten Altenarbeit tätig sind, liegen deshalb kaum vor. Sprung-Ostermann (1994) zeigt in der Auswertung von Supervisionsprotokollen im

Rahmen eines Modellprogramms auf, wie durch die team- und fallzentrierten (Team-)Supervisionen sich allmählich relativ selbstverantwortlich arbeitende Teams herausgebildet hatten. Während es nach diesem Bericht am Anfang der Supervisionsarbeit inhaltlich um Eingriffe in das Leben der Betreuten ging, kamen im Verlauf von 1–2 Jahren zunehmend auch die Schwierigkeiten im Umgang mit psychisch erkrankten KlientInnen zur Sprache, wodurch sich auch die Teamkohäsion und die Arbeitsfähigkeit der untersuchten Teams verbesserten.

5.3 Supervision in der Gerontopsychosomatik

Gerontopsychosomatik findet vorwiegend in psychosomatischen Rehabilitationskliniken statt, die zunehmend auch stationäre Angebote für ältere Menschen machen. Dabei ist zu berücksichtigen, dass die Bezahlung der Rehabilitation durch einen Rentenversicherungsträger nur für die Menschen möglich ist, die das Rentenalter noch nicht erreicht haben. Ohne Gesetzesänderungen werden deshalb auf absehbare Zeit nur wenig über 65-Jährige in solchen Kliniken behandelt werden. Der einzige Bericht über Supervision stammt von Peters (1997), der ausführlich eine Supervisionssitzung schildert, in der es fallzentriert um Konflikte zwischen Alt und Jung und um die Bewertung von körperlichen Beschwerden ging.

5.4 Supervision in der Gerontopsychiatrie

Auch über die Supervision in gerontopsychiatrischen Kliniken oder Stationen liegen nur wenige Berichte vor. Kenny (2000) geht bei seinem Supervisionsansatz davon aus, dass die Mitarbeiter die Lebensphase der älteren Patienten nicht aus eigener Erfahrung, sondern nur aus der Sohnes- oder Tochterperspektive kennen, wodurch ein besonderes Übertragungsfeld geschaffen wird. Mitarbeiter tendieren dazu, ihre ›Therapiekinder‹ entsprechend ihrer eigenen Phase im Lebenszyklus zu behandeln und beginnende Altersveränderungen zu übersehen. Warum dies so sein soll, wird nicht einleuchtend dargestellt. Kenny weist auch auf die Gefahr hin, dass bei der Beurteilung älterer Menschen Kompetenzen und Entwicklungsmöglichkeiten viel zu wenig berücksichtigt werden. Er macht auch darauf aufmerksam, dass es manchen Älteren in der Klinik gelinge, die eigene Familie in den unterschiedlichen Mitarbeitern wiederzuerkennen und sie entsprechend zu behandeln, eine Überlegung, nach der sich sicher manche Teamkonflikte aufschlüsseln lassen.

5.5 Supervision im Hospiz

Obwohl im Hospiz häufig Supervision durchgeführt wird, sind meines Wissens kaum Berichte und Analysen darüber publiziert (vgl. von der Stein in diesem Heft).

6. Organisatorische Voraussetzungen der Supervision

Überlegungen zu den organisatorischen Voraussetzungen sind bei Hirsch (1993, 132ff) sehr schön zusammenfassend dargestellt und sollen hier noch einmal in gekürzter Form aufgelistet werden:

➤ *Einstellung der Institution bzw. des Trägers zur Supervision:*
Da Teamsupervision neben den direkten Kosten auch mit sehr hohen Zeitkosten der Mitarbeiter einhergeht, ist davon auszugehen, dass Institutionen, die Supervision einführen, darin ein notwendiges Arbeitsmittel sehen. Supervision hat natürlich während der Arbeitszeit stattzufinden und sich auf die Bewältigung der Arbeit zu beziehen.

➤ *Teilnahme an der Supervision:*
Für eine effektive Supervision ist Voraussetzung, dass alle Mitarbeiter, die *direkt mit Patienten arbeiten*, an der Supervision teilnehmen, sonst werden Spaltungen verschärft (z.B. zwischen Vormittags- und Nachmittagsteam). Leitungsmitarbeiter, wie Oberärzte sollten nicht kontinuierlich teilnehmen, da sonst Hierarchiekonflikte in die Gruppe kommen, die vom Supervisor nicht aufgelöst werden können. Ergotherapeuten und Krankengymnasten, die regelmäßig mit den Patienten zusammenarbeiten und für die supervisionierte Einheit zuständig sind, sollten natürlich in die Supervision einbezogen werden. Mitarbeiter des Hausdienstes haben keine direkten betreuenden Aufgaben und gehören nicht in die Teamsupervision.

➤ *Teilnahme an der Supervision ist Pflicht:*
Da Supervision als ein notwendiges Arbeitsmittel anzusehen ist, ist die

Teilnahme an ihr in der Arbeitszeit natürlich Pflicht. Dabei ist es wichtig, skeptische Mitarbeiter vorsichtig an die Supervision heranzuführen. Haben Mitarbeiter auf Dauer große Vorbehalte, an der Supervision teilzunehmen, so ergeben sich die Frage nach der Qualität der Supervision ebenso wie der Verdacht, die Supervision könnte (z. B. durch Schweigepflichtverletzungen) von der Institution missbraucht werden. Müller et al. (2005) weisen darauf hin, dass fehlende Feldkompetenz des Supervisors ein häufiger Grund für die Ablehnung von Supervision ist.

➤ *Zeitliche Rahmen der Supervision:*
Supervision in Institutionen, die im Schichtdienst arbeiten (Klinik, Pflegeheim), sollte in der Regel in der Übergabezeit stattfinden und ein bis zwei Stunden (optimal 90 Minuten) dauern. Die Intervalle zwischen Supervisionssitzungen sollten nicht zu groß sein, ein vierzehntägiger Rhythmus ist sicher optimal (d. h. ca 20 Sitzungen pro Jahr mit geringerer Frequenz in Urlaubszeiten). Um sinnvolle Wirkungen durch Supervision zu erreichen, ist sicher eine Zusammenarbeit mit einem Supervisor über 2–3 Jahre notwendig. Da Teams insbesondere in der Altenhilfe über die Jahre einem erheblichen Wechsel unterliegen, sollte die Supervision möglichst kontinuierlich als Arbeitsmittel fortgeführt werden.

➤ *Auswahl des Supervisors:*
In der Institution, vertreten durch die Leitung, muss natürlich klar sein, welche Erwartungen an den Supervisor bestehen. Sinnvoll ist es, diese als Auswahlkriterien zu formulieren (z. B. Methode der Supervision, Institutionskenntnis, Feldkompetenz) und dann dem Team die Auswahl zu überlassen. In der Regel kommen für Supervisionsaufgaben keine Mitarbeiter der eigenen Institution in Frage. Es muss jedoch klar sein, dass der ausgewählte Supervisor die Ziele der Institution unterstützt.

➤ *Zusammenwirken von Leitung, Supervisor und Team:*
Um klare Bedingungen zu haben, ist es für eine Institution sinnvoll, Jahresverträge abzuschließen, die weiterlaufen, wenn nicht jeweils zum Ablauf eines Jahres gekündigt wird. Der finanzielle Aufwand für Supervision muss ausgehandelt werden und orientiert sich an der Berufsausbildung und teilweise auch daran, was Psychotherapeuten in eigener Praxis in der zur Verfügung gestellten Zeit verdienen würden. Obwohl der Supervisor von der Leitung beauftragt wird, hat er gegenüber der Leitung Schweigepflicht zu wahren. Für den Fall, dass die Leitung in einer Arbeitsgruppe besondere Probleme sieht, die in der Supervision bearbeitet

werden sollten, gibt es keine klaren Vorgehensweisen. In unserer Klinik wird in einem Brief an das Team und an den Supervisor versucht, die Problemsicht der Leitung darzustellen.

7. Vorbehalte gegen Supervision von Seite der SupervisandInnen

Supervision durch externe SupervisorInnen findet bei den Beschäftigten nicht nur Zustimmung. Auch wenn die SupervisorInnen von außerhalb der Institution kommen und keine Vorgesetztenfunktion haben, herrscht beim Pflegepersonal häufig Misstrauen. Adam (1998) fasste diese Vorbehalte bei psychiatrischen Pflegekräften in Form von Zitaten zusammen:

➤ »Wir brauchen keine Supervision, hinterher sind wir zerstrittener als vorher.«

➤ »Das ist doch wieder nur eine reine Arztveranstaltung.«

➤ »Alles, was wir hier sagen, wird hinterher gegen uns verwendet.«

➤ »Ich sage dann sowieso nichts, sonst habe ich hier ja auch nichts zu sagen.«

➤ »Zwingen kann mich keiner.«

Solche Aussagen von MitarbeiterInnen einer Klinik, die unter ärztlicher Leitung steht, sind natürlich nur teilweise auf Altenpflegeinstitutionen zu übertragen. Sie sind auch nicht auf die Erfahrungen psychiatrischer Supervisionen im Allgemeinen zu generalisieren, da nicht überall ein solch großes Misstrauen zwischen den im Team arbeitenden Berufsgruppen herrscht.

Viele MitarbeiterInnen in Altenpflegeinstitutionen wissen nicht, was unter Supervision zu verstehen ist, und lehnen sie deshalb ab. Petzold und Müller (2005) haben die Vorbehalte gegen Supervision auch auf die fehlende Feldkompetenz der Supervisoren zurückgeführt, die in ihren Erhebungen deutlich ist. Es handelt sich um Untersuchungen (vgl. 9) in Österreich, wo nach Patientenmorden in Altenpflegeeinrichtungen in großem Umfang Supervision eingeführt wurde und die Qualität der Supervision in dem neuen Feld der Altenpflege mit plötzlich vergrößerter Nachfrage aus unserer Sicht wahrscheinlich nicht überall optimal war.

In unserer Arbeitsgruppe haben wir die Erfahrung gemacht, dass Supervision gut akzeptiert wird, wenn diese nicht plötzlich von der Leitung als

Kontrollinstrument eingeführt wird und wenn der Supervisor viel Erfahrung in der gerontopsychiatrischen Behandlung von Patienten mitbringt.

8. Untersuchungs- und Befragungsergebnisse zur Supervision

Wissenschaftliche Untersuchungen zur Supervision im Altersbereich sind relativ selten. Muthny et al. (1993) stellen bei einer Befragung heraus, dass 57% der Mitarbeiter in Altenpflegeinstitutionen psychosoziale Fortbildungsveranstaltungen und Supervision für wichtig halten, wobei sich die Fortbildungsthemen auf problematische Bewohner beziehen sollen, bei denen es um aggressive oder depressive Verhaltensweise oder um Sterben und Tod geht. Themen zu Beziehung und Sexualität der Bewohner wurden dagegen kaum gewünscht.

Sprung-Ostermann (1994) hat im Rahmen eines Modellprojektes zur »Versorgung psychisch kranker Menschen, besonders der Alten und Älteren über Sozialstationen« eine systematische Auswertung von Supervisionsprotokollen vorgelegt. Sie fand, dass die Teamsupervisionen in der Regel fallbezogen durchgeführt werden und dass keine strikte Trennung zwischen team- und fallbezogener Supervision sinnvoll ist. Institutionsbezogene Themen werden auch bearbeitet, sind jedoch eher Randthemen. Die Interaktion mit den KlientInnen wird am häufigsten thematisiert und psychische (und nicht körperliche) Erkrankungen stehen dabei im Mittelpunkt der Aufmerksamkeit. Die soziale Situation und die Möglichkeiten, die soziale Netzwerke mit sich bringen, werden seltener Thema der Fallarbeit.

In dieser Auswertung der Supervisionsprotokolle von den verschiedenen ambulanten Diensten zeigt sich auch, dass Konflikte mit älteren Patienten, die psychisch gestört sind, von diesen Teams mehr oder weniger häufig zur Sprache gebracht werden. Bei der Besprechung von älteren Patienten stehen Beziehungsprobleme und nicht Themen wie die Multimorbidität im Alter im Vordergrund. Die Kenntnisse der Lebensläufe der Patienten sind in den untersuchten ambulanten Teams meist eher gering. Die frühere Arbeit und Belastungen im Laufe des Lebens kommen ebenfalls relativ selten zur Sprache (10%). Besondere Schwierigkeiten bieten Ältere, wenn es in der Supervision darum ging, Lösungen und Problemneuformulierungen zu erarbeiten.

Petzold und seine Arbeitsgruppe führten mehrere Umfragen zur Supervision im Altersbereich durch:

➤ Bei einer Umfrage in der Deutschschweiz (Müller et al. 2005) wurden 832 Einrichtungen im Altersbereich angeschrieben, 399 Antworten (ca 48%) kamen zurück, 155 (18,6%) mit ausgefülltem Fragebogen von den Institutionen, die Supervision nutzen, und 244 (ca 30%) von den Institutionen, in denen keine Supervision durchgeführt wurde. Bei letzteren wurde von 21% der Antwortenden angegeben, dass sie keine Probleme bei ihrer Arbeit hätten und folglich auch keine Supervision brauchten. Von denjenigen, die früher schon einmal Supervision hatten, wurde in 38,5% der Fälle angegeben, dass sie mit dieser unzufrieden gewesen seien. Insgesamt wird Supervision aber positiv bewertet. Ca 58% gaben positive oder eher positive Vorerfahrungen mit Supervision an. Der Nutzen wird insgesamt sehr positiv eingeschätzt:

➤ persönlicher Nutzen   80%
➤ eigener beruflicher Nutzen   78%
➤ patientenbezogener Nutzen   68%
➤ teambezogener Nutzen   78%.

Die supervisorische Kompetenz wird in dieser Untersuchung insgesamt auch als hoch eingeschätzt (53–66%), das gerontologische Wissen wurde aber nur bei 37% der Supervisoren als hoch eingeschätzt, wobei darauf hinzuweisen ist, dass die Supervisoren unterschiedliche Grundausbildungen hatten (33% Psychologen, 17% Ärzte, 17% Pflegekräfte und 14% Sozialarbeiter).

➤ Die Ergebnisse der Umfrage von Knaus et al. (2005) über Supervision im Feld der Altenhilfe in Deutschland (n = 80 Nutzer und n= 87 Nichtnutzer) zeigen, dass in Deutschland in der Altenarbeit Supervision wenig genutzt wird. Supervisionen wurden meist durch MitarbeiterInnen beendet, was sie mit einem Mangel an Zeit und Geld begründeten. Die Nutzer geben an, dass die Erfahrungen mit Supervision in 20% neutral oder negativ und nur in 34% positiv bis eher positiv waren. Die Erwartungen an Supervision wurden also nur teilweise erfüllt, dem Wunsch der SupervisandInnen nach feld- und fachkompetentem gerontologischem Wissen konnten nur 27% der Supervisoren entsprechen.

➤ Die Untersuchung von König et al. (2005) zur ›Supervision im Feld der Altenhilfe in Österreich‹ (n = 119) ergab, dass die Nutzer ihre Erwartungen nur zum Teil erfüllt sehen: Professioneller Nutzen 33% hoch und 43% mittel, patientenbezogener Nutzen 34% hoch und 38 % mittel. 46% schätzen Vorerfahrungen positiv bzw. eher positiv ein. Feldkompetenz und gerontologisches Fachwissen wurden nur bei 28% der Supervisoren als hinreichend angesehen.

➤ In der Untersuchung von Müller et al. (2005) wird auch eine Studie der Arbeitsgruppe Altenbetreuung des Österreichischen Verbands für Supervision (ÖVS-Studie 2003) mit folgenden Ergebnissen zitiert: Bei N = 960 ausgewerteten Fragebögen wurde in 5% die Supervision für unverzichtbar, in 37% für sehr wichtig und in 44% für teils hilfreich eingeschätzt.

Schon Anfang der 90er Jahre wurde in mehreren Pflegeheimen, Tagespflegen und Sozialstationen im Bereich Kassel Supervision durchgeführt. An einer von mir durchgeführten Umfrage zur Konzeptentwicklung nahmen damals vier supervisorisch arbeitende Ärzte und 2 Psychologen teil, die zumeist in psychoanalytischer Ausbildung waren und sich schwerpunktmäßig für die Supervision im Altersbereich interessierten und Feldkompetenz mitbrachten. Sie führten die Supervisionsaufgaben in 11 Institutionen (Heime und Tagespflege) zwischen eineinhalb und 8 Jahren durch, sodass ihre Aussagen ein erhebliches Gewicht haben.

Mehrheitlich hatten die von ihnen durchgeführten Supervisionen eine Dauer von 90 Minuten, in 2 Heimen wurden auch kürzere Supervisionen durchgeführt (60 bzw. 75 Min). Supervisionssitzungen in 14-tägigem Abstand waren nach Ansicht der Befragten wünschenswert, real fanden die Supervisionen meist nur alle 4 Wochen statt. Mehrheitlich wurden die Supervisionen als Fallbesprechungen i. S. von Balintgruppen durchgeführt. Gemischte Konzepte – also Team- und Fallsupervision – wurden von 2 Supervisoren angegeben, Teamkonflikte kamen aber auch bei den anderen zur Sprache. An den Supervisionen in der Arbeitszeit nahmen in der Regel alle Mitarbeiter der Stationen (außer Nachtwachen und Schüler) teil. Vorgesetzte waren außer in einem kleinen Heim mit 20 Plätzen für ältere Behinderte bei der Supervision nicht dabei.

Die Supervisionsarbeit wurde vorwiegend als sehr schwierig eingeschätzt. Die MitarbeiterInnen der Heime waren vorwiegend mit der Supervision zufrieden, wenn es nicht um Teamkonflikte sondern um Fallarbeit ging, insbesondere dann, wenn bei einer hohen Konfliktspannung entlastende Handlungshinweise gegeben wurden und sie sich nicht in ihrer Hilflosigkeit erleben mussten. Besonders in der Zeit, in der in den Heimen mit der Supervision begonnen worden war, bestand Unsicherheit und Angst zu sprechen, eigene Probleme zu benennen und sich zu blamieren.

Von allen Supervisoren wurde befürwortet, ein- bis zweimal pro Jahr eine längere Klausursitzung zu machen, um die Zielsetzung der Institution zu reflektieren. Solche Klausursitzungen kamen jedoch nie zustande.

9. Fazit

Die Arbeit im Altersbereich stellt Mitarbeiter häufig bei den vorhandenen Ressourcen vor unlösbare Probleme, was dazu führt, dass sie sich zurückziehen und ihre Ziele und ihren beruflichen Enthusiasmus aufgeben. Fallbezogene Supervision ermöglicht, den Problemkontext in einer veränderten Weise zu sehen und den Blickwinkel zu erweitern. Sie eröffnet auch die Möglichkeit, neue Lösungen anzugehen und Resignation und Burnout zu reduzieren. Supervision wird hier als eine Möglichkeit verstanden, langfristig eine optimistische Arbeitsfähigkeit aufrechtzuerhalten. Dies ist nur möglich, wenn Supervisoren selbst Erfahrung und Wissen in der Geriatrie und Gerontopsychiatrie gesammelt haben.

Literatur

Adam F (1998) Erst mal unter uns! Ängste und Sorgen vor der Teamsupervision aus der Sicht des Pflegepersonals. In: Eck D (Hg) Supervision in der Psychiatrie. Bonn (Psychiatrie-Verlag) 28–32.

Bauer A, Gröning K (1995) Gleichgewicht – Übergewicht – Gegengewicht. Forum Supervision 3(5): 37–49.

Belardi N (1996) Supervision in der Altenhilfe. In: KDA (Hg) Rund ums Alter. München (Dr. Kovac) 39–54.

Eck D (1998) Supervision in der Psychiatrie – ein mehrperspektivischer Ansatz. In: Eck D (Hg) Supervision in der Psychiatrie. Bonn (Psychiatrie-Verlag) 12–26.

Grawe B (2007) Kämpfe um Anerkennung: Konflikte in der stationären Altenhilfe jenseits organisatorischer Logiken. Forum Supervision 15(30): 29–39

Hirsch RD (1993) Balintgruppe und Supervision in der Altenarbeit. München (Reinhardt).

Junkers G (2000) Supervision und Konzeptentwicklung in der Arbeit mit alten Menschen. In: Pühl H (Hg) Supervision und Organisationsentwicklung. 2. Aufl. Opladen (Leske & Budrich) 377–400.

Kaddik B, Feige I (1998) Supervision in der Altenhilfe/Altenarbeit: Spagat zwischen Systemanpassung und Entwicklung differenzierter Angebote. Forum Supervision Sonderheft 2: 48–50.

Kenny B (2000) Supervision auf einer Psychotherapiestation für ältere Menschen: Ein Erfahrungsbericht. In: Bäurle P, Radebold H, Hirsch RD, Studer K, Schmid-Furstoss U, Struwe B (Hg) Klinische Psychotherapie mit älteren Menschen. Bern, Göttingen (Huber) 223–226.

Kipp J, Jüngling G (2007) Einführung in die praktische Gerontopsychiatrie. 4. Aufl. München, Basel (Reinhardt).

Knaus KJ (2005) Zur Situation von Altenheimen in Deutschland – Materialien, Insiderperspektiven, Aufgaben für die Supervision. In: Petzold HG, Müller L (Hg) Supervision in der Altenarbeit, Pflege und Gerontotherapie. Paderborn (Junfermann) 181–214.

Knaus KJ, Petzold HG, Müller L (2005) Supervision im Feld der Altenhilfe in Deutschland – eine explorative Multicenterstudie. In: www.FPI-Publikationen.de/materialien.htm – SUPERVISION: Theorie – Praxis – Forschung. Eine interdisziplinäre Internetzeitschrift – Jg. 2005.

Koch-Straube U (2003) Fremde Welt Pflegeheim. 2. Aufl. Bern, Göttingen (Huber)

König M, Petzold HG, Müller L (2005) Supervision im Feld der Altenhilfe in Österreich – eine explorative Multicenterstudie. In: www.FPI-Publikationen.de/materialien.htm – SUPERVISION: Theorie – Praxis – Forschung. Eine interdisziplinäre Internetzeitschrift – Jg. 2005.

Lemke J (1998) Leitfaden für die Suche nach dem richtigen Supervisor. In: Eck D (Hg) Supervision in der Psychiatrie. Bonn (Psychiatrie-Verlag) 38–45.

Maxeiner R (2003) Grenzerfahrungen – Auch ein Unbehagen in der Kultur. Forum Supervision 11 (22): 58–69.

Müller L, Petzold HG, Schreiter-Gasser U (2005) Supervision im Feld der klinischen und sozialgerontologischen Altenarbeit. In: Petzold HG, Müller L (Hg) Supervision in der Altenarbeit, Pflege und Gerontotherapie. Paderborn (Junfermann) 181–214.

Muthny FA, Bermejo I, v. Gierke E (1993) Erlebte Belastungen und Bedarf an psychosozialer Fortbildung/Supervision in der stationären Altenpflege. Z Gerontol 26: 395–203.

Neidhard A (2000) Gerontopsychiatrische Supervision in der Altenpflege. Forum Supervision 8(16): 100–114.

Peters M (1997) Psychotherapeutische Behandlung Älterer: Welchen Problemen begegnet eine Psychosomatische Klinik? In: Radebold H (Hg) Altern und Psychoanalyse. Psychoanalytische Blätter. Göttingen (Vandenhoeck u. Rupprecht) 139–157.

Petzold C, Petzold HG (1998) Supervision in geriatrischen und gerontopsychiatrischen Einrichtungen. In: Eck D (Hg) Supervision in der Psychiatrie. Bonn (Psychiatrie-Verlag) 240–255.

Petzold HG, Müller L (Hg) (2005) Supervision in der Altenarbeit, Pflege und Gerontotherapie. Paderborn (Junfermann).

Radebold H (2000) Supervisonsaspekte. In: Bäurle P, Radebold H, Hirsch RD, Studer K, Schmid-Furstoss U, Struwe B (Hg) Klinische Psychotherapie mit älteren Menschen. Bern, Göttingen (Huber) 219–222.

Radebold H, Rassek M, Schlesinger-Kipp G, Teising M (1987) Zur psychotherapeutischen Behandlung älterer Menschen. Freiburg (Lambertus).

Sange P (2005) Integrative Supervision zum Thema Sterben und Tod in der Ausbildung junger Krankenschwestern und -pfleger. In: Petzold HG, Müller L (Hg) Supervision in der Altenarbeit, Pflege und Gerontotherapie. Paderborn (Junfermann) 164–180.

Schmidbauer W (2000) Das Ringen mit dem Alter – Der Supervisor und das Pflegeheim. Forum Supervision 8(16): 100–107.

Schützendorf E (1999) Das Recht der Alten auf Eigensinn. 2. Aufl. München, Basel (Reinhardt).

Sprung-Ostermann B (1994) Erfassung und Untersuchung von Supervision in Institutionen der ambulanten Versorgung (Sozialstationen) von psychisch/körperlich Alterskranken. In: Sprung-Ostermann B, Radebold H (Hg) Untersuchungen zur Supervision im Altersbereich. Köln (KDA 103) 10–131.

Teising M (1995) Psychoanalytisch orientierte Teamsupervision in der Gerontopsychiatrie. Forum Supervision 3(5): 99–105.

Varevics P, Petzold HG (2005) Leben und Tod, Altern und Sterben, Leid, Trost, Sinn – Hilfen für beraterische, therapeutische und supervisorische Suchbewegungen. In: Petzold HG, Müller L (Hg) Supervision in der Altenarbeit, Pflege und Gerontotherapie. Paderborn (Junfermann) 130–163.

Warsitz P (1984) Zur Dynamik von Teamprozessen in Altenpflegeheimen. Fragmente (Schriftenreihe der Gesamthochschule Kassel) 10: 148–169.

Warsitz P, Kipp J (1985) »Aus der Not eine Tugend machen« – Fünf Jahre Kooperation einer psychiatrischen Abteilung mit einem Altenzentrum bzw. Altenpflegeheim. Psychiat Prax 12: 33–42.

Korrespondenzadresse:
Dr. Johannes Kipp
Felsengarten 9
34225 Baunatal
E-Mail: *J.Kipp@psychotherapie-im-alter.de*

Erfahrungen bei der Einrichtung psychoanalytisch orientierter, fallbezogener Teamsupervision in Pflegeeinrichtungen mit gerontopsychiatrischen Aufgaben

Martin Teising (Bad Hersfeld/Frankfurt)

Zusammenfassung

Dem vorliegenden Artikel liegen Erfahrungen zugrunde, die vor ca. 15 Jahren gesammelt und danach erstmals publiziert wurden (Teising 1995). Bei der Anwendung psychoanalytisch orientierter Supervision in Pflegeheimen sollten bestimmte Bedingungen beachtet werden. Die Pflege von Menschen mit gerontopsychiatrischen Erkrankungen, insbesondere von Demenzkranken, hat sich in den vergangenen Jahren verändert. Mittlerweile sind wissenschaftlich abgesicherte Konzepte zur Pflege dieser Patientengruppe entwickelt worden, mit deren Anwendung die Pflege deutlich verbessert werden kann. Die seither entstandenen administrativen Qualitätssicherungsmaßnahmen aber dienen oft eher einem Rückzug aus der direkten Pflegebeziehung und wirken sich zum Nachteil der Gepflegten aus. Die damals beschriebenen Voraussetzungen für die Anwendung fallbezogener Teamsupervision in Pflegeeinrichtungen mit gerontopsychiatrischen Aufgaben sind nach wie vor gültig.

Stichworte: Supervision, Gerontopsychiatrie, Pflege

Abstract: Experiences in starting psychoanalytic oriented case-related team supervision in nursing homes with geropsychiatric tasks

This article is based on experiences which were collected 15 years ago and were shortly after published for the first time (Teising 1995). Certain conditions should be taken into account when applying psychoanalytic oriented supervision in nursing homes. Caring for people with geropsychiatric illnesses, particularly dementia, has changed in the past few years. In the meanwhile, scientifically proven concepts for caring for this group of patients have been developed, which can considerably improve care. The administrative quality assurance measures developed since then often result in withdrawal from a direct supportive relationship and are disadvantageous to the patient. The then described requirements for the application of case-related team supervision in a nursing home with geropsychiatric tasks are still valid.

Key words: supervision, geropsychiatry, care

Erwartungen an die Supervision

In vielen, längst noch nicht in allen, Pflegeeinrichtungen mit gerontopsychiatrischen Patienten ist Supervision Bestandteil des beruflichen Alltags. Die Erwartungen an die Supervision beruhen auf unterschiedlichen Interessen. Für den einzelnen Mitarbeiter sollen die besonders belastenden Patientenbeziehungen verstehbarer und erträglicher werden. Darüber hinaus soll Supervision helfen, unfruchtbare, bedrückende oder destruktiv wirkende Teamprozesse aufzuklären, die die Arbeit mit dem Patienten erschweren oder auch durch sie induziert sein können. Bei einer patientenorientierten Pflege gewinnen psychische und soziale Faktoren neben somatischen Erfordernissen wesentlich an Bedeutung. Die Supervision soll dazu beitragen, diese Faktoren wahrzunehmen, zu reflektieren und in den Pflegeprozess zu integrieren. Schließlich wird von Seiten der Kostenträger Supervision mit der Erwartung finanziert, die Pflegearbeit qualitativ besser, effektiver, mit weniger Fehlzeiten und letztlich vielleicht auch kostensenkend gestalten zu können.

Aus diesen unterschiedlichen Interessen können sich bei der Einführung von Supervision Konflikte ergeben, die sich z. B. darin äußern, dass die Kostenträger nicht die erforderlichen Rahmenbedingungen schaffen, mit denen allein eine regelmäßige Teilnahme aller Teammitglieder während der Arbeitszeit gewährleistet wird. Bei vom Träger »verordneter« Supervision kann die Teilnahme innerlich oder durch Nicht-Teilnahme mit der Begründung von scheinbaren Sachzwängen boykottiert werden. Die jeweilige Interessenlage der Beteiligten bildet die Grundlage für das Gelingen oder Misslingen der Supervisionsarbeit.

Spezifische Aspekte psychoanalytisch orientierter Supervision

Das spezifische Moment psychoanalytisch orientierter Supervision besteht darin, dass sie unbewusste, insbesondere affektiv wirksame Einflussfaktoren, die in pflegerischen und kollegialen Beziehungen wirken, aufdeckt. Es geht auch um die Bewusstmachung interpersonaler und institutionalisierter Abwehrvorgänge, die die Hinwendung zum Patienten und die Aufnahme einer Beziehung zu ihm erschweren. Die Teilnehmer werden dazu angeregt, sich freimütig zu äußern und ihre Gefühle mit einzubringen, soweit sie mit der Beziehung zum Patienten zusammenhängen. Es soll nicht um »richtiges oder falsches« Verstehen und Fühlen gehen, sondern die freie Mitteilung steht im Dienste eines erweiterten Verständnisses. Der Supervisor oszilliert zwischen patientenzentrierten, teamzentrierten und institutionszentrierten Perspektiven. Supervision im beruflichen Umfeld ist dadurch beschränkt, dass die persönliche Sphäre der einzelnen Teilnehmer geschützt bleibt. Selbst wenn zu Beginn die Möglichkeiten der Supervision klar benannt und abgesteckt werden, ist es wohl unvermeidlich, dass latente Erwartungen über das explizite Angebot der Supervision hinausgehen. Immer wieder werden Bedürfnisse nach Selbsterfahrung in Supervisionsgruppen geäußert, die diese nicht ausreichend befriedigen können, weil das gemeinsame Interesse des Teams an einer verbesserten Arbeitsfähigkeit Priorität genießen muss. Die Assoziationsfreiheit der Teilnehmer und die gleichschwebende Aufmerksamkeit des analytischen Supervisors werden an diesen Stellen bewusst eingeschränkt. Anders aber als in klassischen Balintgruppen werden institutionelle Konflikte und Zusammenhänge thematisiert, soweit sie unbewusst in die tägliche Arbeit einwirken und diese beeinträchtigen.

Gerontopsychiatrische Patienten in Pflegeeinrichtungen

Die betreuten Patienten leiden unter schweren psychischen Erkrankungen. Neben neurotischen und psychosomatischen Störungen, die auch im Alter die Mehrheit psychischer Erkrankungen ausmachen, leiden die besonders pflegebedürftigen Patienten unter hirnorganischen Krankheiten, die zum großen Teil kausal nicht beeinflussbar sind und zu irreversiblen Störungen, bis hin zur Zerstörung ihrer Persönlichkeit führen, insbesondere eben der Demenz.

Der Umgang mit diesen Menschen kann extrem schwierig sein. Er erfordert von den Pflegenden ein Höchstmaß an Geduld, Einfühlungsvermögen und Geschick. Kritische Situationen im Pflegalltag sind nicht selten Ergebnis eines Interaktionsprozesses von zwei oder mehr Beteiligten. Die Bewohner von Altenpflegeeinrichtungen werden in der Regel nicht wieder gesund. Symptome der Demenz schreiten voran, anders als in kurativen Einrichtungen sind Pflegeerfolge nicht unbedingt an einer Verbesserung der Symptomatik, wohl aber an mehr Zufriedenheit und weniger herausforderndem Verhalten der Bewohner ablesbar. Täglich werden Pflegende erneut gefordert, mit eigenen Gefühlen bei der Pflege dieser Patienten – vor allem mit Hilflosigkeit, Ungeduld, Ärger und Wut – umzugehen.

Die Patienten verfügen oft nur noch über reduzierte Ich-Funktionen. Viele kognitive Fähigkeiten, vorwegnehmendes Probehandeln, Sublimierung oder andere reife Abwehrmechanismen funktionieren nicht mehr. Dem drohenden oder schon fortgeschrittenen Persönlichkeitsverlust wird mit unreifen Abwehrmechanismen wie Realitätsverkennung, Verleugnung, Projektion, Identifikation oder projektiver Identifikation begegnet. Es herrschen in hohem Ausmaß spaltende Abwehrprozesse, die häufig Partialtriebphänomene nicht mehr abwehren können, sodass sie in ihrer primärprozesshaften Qualität sichtbar werden. Aggressive und libidinöse Triebregungen treten offen und ungeschützt zutage. Letztere können sich z.B. im Wunsch nach zärtlicher Zuwendung aber auch in sexuellen Impulsen unterschiedlichsten Reifegrades unmittelbar und distanzlos äußern. Die Pflegenden begegnen Extremsituationen menschlicher Existenz. Darüber hinaus leiden gerontopsychiatrische Patienten häufiger unter körperlichen Krankheiten, die das Personal zusätzlich fordern. Die besten Pflegebedingungen und das belastungsfähigste Personal sind gerade gut genug, um diese Patienten zu betreuen.

Die Pflegenden

Die Pflegekräfte werden mit einer extrem schwierigen Patientengruppe, die unter Störungen des Fühlens, Denkens und Handelns leidet, hautnah und im engen Körperkontakt konfrontiert, der keine Intimitätsschranken kennt. Sie begegnen Triebhaftem, faktisch bedingter und – oft ebenso schwer erträglich – depressiver Aussichtslosigkeit, zahlreichen körperlichen, psychischen und sozialen Verlusten. Wir alle werden im Kontakt mit diesen Patienten an Vorerfahrungen mit Alten der eigenen Familie erinnert und mit Konflikten und Schwierigkeiten der eigenen und zukünftigen Lebenssituation konfrontiert, mit Angst vor Krankheit, Sterben und Tod. Die Wunschvorstellung von starken Alten, die eine Orientierungshilfe geben können oder Vorbildfunktion haben, wird von gerontopsychiatrischen Patienten bzw. Bewohnern nicht erfüllt. Diese Enttäuschung ruft gar nicht selten Ärger hervor, aus dem Racheimpulse erwachsen, die bei der Pflege in unbewusst sadistischen Interaktionen agiert und befriedigt werden können. Als Reaktion darauf werden Wiedergutmachungs- und Rettungsphantasien mobilisiert, die bei vielen Pflegeentscheidungen die Handlungsfähigkeit beschneiden und insbesondere zu einer verminderten Abgrenzungsfähigkeit führen, was eine wesentliche Bedingung chronischer Überlastung am Arbeitsplatz ist.

Bei manchen Mitarbeitern lässt sich die Tendenz erkennen, persönliche Gefühle wie das, sich eigentlich selbst sehr pflegebedürftig zu empfinden, aber auch andere Probleme und Konflikte in die Patientenbeziehung, in das Team und in die Institution zu verlagern, insbesondere dann, wenn die berufliche Identität noch gesucht wird.

Ein verbreiteter Anpassungsmechanismus an die pflegerischen Erfordernisse des einzelnen Patienten besteht in der Übernahme stereotyper automatischer Handlungsschablonen, die keine individuelle Antwort auf den Patienten sind, sondern Ergebnis gesellschaftlich vorfabrizierter Rollenideologie (Becker 1991). Sie dienen zugleich der Abwehr nur schwer erträglicher Gefühle.

Trotz dieser extrem schwierigen Anforderungen bietet aber ein Arbeitsplatz in der Pflegeeinrichtungen mit gerontopsychiatrisch kranken Bewohnern nur geringe Gratifikation, er genießt geringes Ansehen innerhalb der Berufshierarchie. Die Mitarbeiter sind im Durchschnitt tatsächlich geringer qualifiziert als in anderen medizinnäheren Pflegebereichen, es gibt außerordentlich viele Hilfskräfte mit wechselhaften Berufsbiografien und gebrochenen persönlichen Entwicklungen sowie eine entsprechend hohe Personalfluktuation.

Die Arbeitsbedingungen von Pflegeteams mit gerontopsychiatrischen Aufgaben

Die Teamstrukturen sind häufig traditioneller, weniger sozialpsychiatrisch, weniger demokratisch und weniger auf psychodynamisch reflektiertes Handeln ausgerichtet als in anderen Bereichen der Psychiatrie und des sozialen

Arbeitsfeldes. Hierarchische Organisationsstrukturen konnten sich hier länger halten als anderswo. Sie erfüllen allerdings auch ein Bedürfnis nach klarer Orientierung. Das persönliche Über-Ich wird durch die Struktur entlastet, Verhaltensnormen werden vorgegeben, unbewusste Bestrafungswünsche werden gegebenenfalls erfüllt. Patienten werden den herrschenden Regeln nicht selten mehr oder weniger gewaltsam angepasst.

Spezifische Chancen und Schwierigkeiten der Supervision von Pflegeteams mit gerontopsychiatrischen Aufgaben

Supervision stellt gewohntes, eingefahrenes, traditionelles Pflegeverhalten in Frage. Sie will Blickwinkel erweitern, gewohnte Sichtweisen hinterfragen. Analytische Supervision will unbewusst wirksame krankmachende Faktoren der Patienten, aber auch von institutionellen Strukturen und Teamprozessen bewusst machen. Supervision will zur Entwicklung beitragen. Sie befasst sich mit der bedrohlichen Problematik zum Beispiel dementer Patienten, sie erweitert die psychodynamische und sozialpsychiatrische Kompetenz des Pflegeteams und reflektiert den Einfluss institutioneller Strukturen.

Supervision stößt aber auch regelmäßig auf Widerstände. Wiederholt haben wir beobachten müssen, dass die Einladung der Supervision zur freien Äußerung von Gefühlen in dem Sinne missverstanden wurde, dass die freimütig mitgeteilten Phantasien nachher tatsächlich realisiert wurden. Z. B. wurde ein verwirrter und inkontinenter Patient der ständig forderte und niemals zufrieden war, damit ›bestraft‹, dass auf sein Klingeln nicht mehr reagiert und er nicht sauber gemacht wurde. Analog konnten wir verstärkt destruktives Austragen von Teamkonflikten nach Supervisionssitzungen beobachten (mündliche Mitteilung J. Kipp und Th. Wagner).

Die in der Supervision erwünschte Mitteilung von Gefühlen und Phantasien wurde als Legitimation für aggressives Handeln, für ein Agieren eigener (Gegenübertragungs-)Affekte missverstanden. Eine wichtige Voraussetzung für das freie Äußern von Phantasien, nämlich die Fähigkeit, Phantasie und Handlungsebene zu trennen, analog zur therapeutischen Ich-Spaltung, kann bei den Teilnehmern nicht vorausgesetzt werden. Zunächst muss ein »Supervisionsraum« wie ein therapeutischer Raum installiert werden. In der Supervision von Pflegeteams mit gerontopsychiatrischen Aufgaben hat sich bewährt, die Mitarbeiter auf die psychoanalytisch orientierte Methode behutsam hinzuführen. So ist es zu Beginn durchaus hilfreich, zu einem Wechsel der Perspektiven zu ermuntern, aufzufordern sich in den jeweils anderen hineinzuversetzen, eine Art psychologischer Basisweiterbildung. Konkrete Handlungsanleitung ist notwendig, solange das Team nicht in der Lage ist, die Funktion der ›Supervisionsspaltung‹, wie man sie nennen könnte, selbst auszuüben. Sie besteht darin, Handlungs- und Fantasieebene voneinander trennen zu können. Die Fantasie darf die Handlung nicht unmittelbar bestimmen.

Supervision kann außerdem dazu beitragen, die historische Perspektive der Pflegenden im Hinblick auf ihre Patienten im Sinne biographieorientierter Pflege zu erweitern, indem sie ein Hineindenken in soziokulturelle Zusammenhänge, in denen diese Patienten groß wurden und gelebt haben und die diesen jetzt alten Menschen geprägt haben, fördert. Die Kenntnis der persönlichen Biographie der Patienten ermöglicht eine Vorstellung dieses Patienten als eines gesunden Menschen. Mit ihr lassen sich für die Pflege oft erstaunliche Ressourcen reaktivieren.

Ein wichtiger Bestandteil der Arbeit mit gerontopsychiatrischen Patienten besteht in der Trauer, über vielfältige Verluste, über Tod und eigene Vergänglichkeit, aber auch über das mit der Supervision unter Umständen zunehmende Bewusstsein einer Diskrepanz zwischen therapeutisch Wünschenswertem und real Erreichbarem.

Gerade weil Supervision von den Trägern der Einrichtungen oft gewünscht wird, um das labile Gefüge zu stabilisieren, von sozialpsychiatrisch oder psychotherapeutisch orientierten Kollegen hingegen, um es zu sprengen, erscheint mir zu Beginn eines Supervisionsprozesses eine möglichst genaue Abklärung der Supervisionsbedürfnisse und der institutionellen Situation notwendig. Der Supervisor sollte fragen, weshalb in dieser Situation eine Supervision eingeführt werden soll, wer welche Ziele mit ihr verfolgt. Verordnete Supervision durch den Träger zur Befriedung des Personals oder als Mittel gegen hohen Krankenbestand und Personalfluktuation bei gleichzeitig unzulänglicher personeller und konzeptueller Ausstattung will die Supervision missbrauchen und ist von vornherein zum Scheitern verurteilt.

Fazit

Besonders wichtig ist es, dass der »Reifegrad« des jeweiligen Pflegeteams, abzulesen an der beschriebenen Fähigkeit zur Supervisionsspaltung (s. o.), sorgfältig berücksichtigt wird. Je nach Entwicklungsstand des Teams hat der Supervisor informative, handlungsanleitende, vorbildhafte, integrierende, konfliktzentrierte und deutende Aufgaben. Im Laufe eines Supervisionsprozesses lässt sich in der Regel eine Verschiebung dieser Aufgaben von den zuerst genannten hin zu den letzteren beschreiben. Der dynamische Beitrag der Supervision kann zu einem tragenden Element werden und zu einer Humanisierung der Pflege beitragen.

Literatur

Becker HJ (1991) Balint-Gruppen. Eine psychoanalytische Kritik. Psyche 45: 38–60.
Teising M (1995) Psychoanalytisch orientierte Teamsupervision in der Gerontopsychiatrie. Forum Supervision 5: 99–104.

Korrespondenzadresse:
Professor Dr. Martin Teising
Fachhochschule Frankfurt, Fachbereich 4
Nibelungenplatz 1
60318 Frankfurt
E-Mail: *teising@fb4.fh-frankfurt.de*

Selbstreflexion und Selbstpflege in der Altenpflege – ein Fallbeispiel

Erich Schützendorf (Tönisvorst)

Zusammenfassung

Altenpflege ist in erster Linie *Beziehungsarbeit,* und die ist bekanntermaßen nicht einfach. Mitarbeiter(innen) in den Pflegeheimen sind in aller Regel nicht in *Selbsterfahrung* geübt und sehr viele haben eine ausgesprochene Abneigung gegen alle Formen von Supervision. An einem Fallbeispiel wird gezeigt, wie es Pfleger(innen) unter Anleitung gelingen kann, in den Prozess der *Selbstreflexion* einzusteigen. Eine wichtige Voraussetzung für das Gelingen ist die Betonung der *Selbstpflege.* Indem sie lernen, sich selbst wertzuschätzen, entdecken sie, wenn alles gut geht, Möglichkeiten für einen entlastenden Umgang mit *alten Menschen.*

Stichworte: Beziehungsarbeit, teilnehmende Beobachtung, (Eigen-)Zeit, Pflegeheim

Abstract: Self-reflection and self-care in geriatric care – a case study

Geriatric care is above all working with relations which is known not to be easy. Workers in a nursing home are normally not practiced in self-experience and many have a strong dislike of all forms of supervision. A case study will show how nurses can succeed in the process of self-reflection when instructed. An important requirement for success is the emphasis on self-care, in which they learn how to regard themselves highly, they discover (when everything works out) the possibilities of making working with the elderly easier.

Key words: Beziehungsarbeit, participative observation, time, nursing home

1. Monika, die als Pflegerin in einem Altenheim arbeitet, hat Frau Schmitz geweckt, gewaschen, angezogen und in den Frühstücksraum gebracht. Frau Schmitz ist sehr ängstlich. Jede Veränderung bringt sie zum Zittern. Monika übernimmt nicht gerne die Pflege von Frau Schmitz. Sie fühlt sich danach ausgesaugt und vor allem, sagt sie, habe sie ein schlechtes Gewissen. Sie habe das Gefühl, Frau Schmitz nicht gerecht zu werden. Sie würde der alten Dame so gerne die Angst nehmen, weiß aber, dass dies nicht geht.

Nach der Grundpflege von Frau Schmitz, die ca. 30 Minuten in Anspruch nimmt, braucht Monika dringend eine Zigarette. In dem Pausenraum für Raucher steht ein Vogelkäfig mit mehreren Sittichen. Helga, eine Kollegin, hat schon auf Monika gewartet, um ihr zu berichten, dass die anderen Vögel wieder auf ihrem Sorgenvogel herumgehackt haben. Der arme Vogel, sagt Helga, habe schon am Boden gelegen. Sie müsse wieder los, bittet aber Monika, nach dem armen Tier zu schauen. Monika zündet sich eine Zigarette an, und während sie mit dem Vogel spricht, ruft Frau Schmitz: »Hallo, ist da jemand?«

Monika lässt die Bewohnerin rufen.

2. Ich habe an diesem Morgen Monika bei der Grundpflege von Frau Schmitz begleitet und beobachtet. Diese teilnehmende Beobachtung ist Bestandteil einer Methode, die ich *Interpretationswerkstatt* nenne. Es ist eine klassische Bildungsmethode, mit der ich Mitarbeiter(innen) in der Altenpflege verführen will, sich, die alten Menschen und die Beziehungen zwischen sich und den alten Menschen zu verstehen. Wenn von allen Seiten das Einverständnis vorliegt, filme ich das Geschehen. Filmaufzeichnungen oder protokollierte Beobachtungen sind die Grundlage für die anschließenden Deutungen.

Wenn es wie im Falle von Monika in erster Linie darum geht, sich selbst zu verstehen und Wege des Überlebens in einer schwierigen Beziehung zu finden, hat sich als Hintergrund für die Interpretationen das Bild vom Festland und dem Meer der Ver-rücktheit bewährt. Die Pflegenden sind die Festlandbewohner, die sich an ihrer Welt und den dort gültigen Sicherheiten festhalten. Die alten Menschen sind die Meeresbewohner, die nach ihrem Eigen-Sinn leben. Beide Welten passen nicht immer. Aber es nützt nichts: Der Pflegende muss sich in die andere Welt des Pflegebedürftigen begeben. Manchmal geht er dort – in dem ihm fremden Element – unter. Er fühlt sich wie ein Festlandbewohner in einem Meer. Er versucht zu überleben, ringt nach Luft und will festen Boden unter den Füßen haben.

Im Wesentlichen hat er drei Möglichkeiten, sich zu retten:

➤ Der Pflegende benutzt *Rettungsboote*, um nicht wirklich zu den Menschen, bei denen er zu ersticken droht, eintauchen zu müssen. In ihnen fühlt er sich relativ sicher, wenn ihn ein Bewohner unter Wasser ziehen will.

➤ Hat der Pflegende sich eine gewisse Zeit auf einen alten Menschen eingelassen und in dieser Zeit eigene Bedürfnisse zurückgestellt, dann sucht er bewusst oder unbewusst *Schleusen* auf. Er verhält sich wie ein Taucher, der sich zum Druckausgleich in eine Schleuse begibt. Dort versucht er, sich zu erholen, sich ins Gleichgewicht zu bringen, sich zu entladen oder Kraft zu tanken.

➤ Bei den langen Aufenthalten in den unterschiedlichen Meeren der verschiedenen alten Menschen hält er immer wieder Ausschau nach einer *Insel*, auf die er sich zurückziehen kann, um für sich zu sein und unbeschwert atmen zu können, ohne dass irgendjemand an ihm zerrt.

Dieses Bild (ausführlich bei Schützendorf 2006, 12ff) hilft vielen Pflegenden, ohne Scham und Schuldgefühle die eigenen Bedürfnisse in den Blick zu nehmen.

3. Bei der Dienstübergabe bespreche ich meine morgendlichen Beobachtungen mit Monika und den anwesenden Kolleg(inn)en, wobei ich meine Beobachtungen in chronologischer Folge wiedergebe.

Monika betritt das Zimmer von Frau Schmitz und sagt: »Guten Morgen, Frau Schmitz«. Dann sagt sie, ohne auf eine Reaktion der alten Damen zu achten: »Ich hol mal schnell zwei Handtücher.« Monika verlässt das Zimmer und beeilt sich, die Handtücher zu holen. Wenige Augenblicke später ist sie zurück.

Wir kommen zu folgender Deutung: Das Verlassen des Zimmers ist der erste Rettungs- und Fluchtversuch. Monika betritt angespannt das Zimmer von Frau Schmitz. Sie muss in diese unerträgliche Nähe. Sie weiß, was auf sie zukommt. Sie wird weder das Zittern der alten Dame noch deren Umklammerungsversuch ertragen können. Das Betreten des Zimmers ist für sie ein Angang. Sie begibt sich deshalb nicht sofort in das Meer, sondern hält – um im Bild zu bleiben – zunächst nur einen Fuß in das Wasser, um zu prüfen, ob sie es wagen kann. Nein, entscheidet sie, es geht noch nicht. Vorher muss sie noch mal zurück, Festland spüren und durchatmen. Das macht sie, in dem sie das Zimmer verlässt, um Handtücher zu holen. Sie beeilt sich, gerade so, als ob sie noch einmal die Schnelligkeit spüren möchte, bevor sie in die Langsamkeit von Frau Schmitz eintauchen muss.

4. Darf sie das? Natürlich, darf sie das. Es handelt sich um eine Schleuse, die für Monika überlebensnotwendig ist. Das wird ihr nun klar. Die Hektik, die bisher mit ihrer Flucht verbunden war, kann sie nun ablegen. Sie muss weder sich noch anderen demonstrieren, wie toll sie sich für ihre Bewohner beeilt. Sie läuft nämlich um ihrer selbst willen. Monika will überlegen, ob sie die Zeit, die sie bisher mit dem Holen der Handtücher verbracht hat, besser für sich nutzen kann, um für den Tauchgang noch mal Kraft zu tanken. Sicher ist, dass sie in Zukunft nicht mehr die Handtücher als Vorwand benutzen muss, um das Zimmer nach Betreten sofort wieder verlassen zu dürfen.

5. Ich gehe in den Aufzeichnungen vom Morgen weiter.

Monika kommt mit den Handtüchern zurück, schiebt den Nachtstuhl an das Bett von Frau Schmitz und hebt die alte Dame an, damit sie sich im Bett setzen kann. Monika zieht Frau Schmitz die Schuhe an und setzt sie auf den Nachtstuhl.

Frau Schmitz sagt: »Nachts bin ich immer alleine.«

Monika: »Nachts ist ja auch keiner da.«

Frau Schmitz zittert.

Wie deuten wir das?

Monika versucht die Zeit bei Frau Schmitz durchzustehen, indem sie sich in das Rettungsboot ›Professionelle Pflege‹ begibt. Dieses Boot gibt ihr Halt und die Gewissheit, gut und richtig zu handeln, ohne sich in die gefährlichen Strudel einer menschlichen Beziehung begeben zu müssen. Den Versuch der alten Dame, sie aus dem Boot in das Meer zu ziehen, wehrt sie ab. Sie bleibt in der Logik des Festlandbewohners: »Nachts ist ja auch keiner da.«

Das Rettungsboot ›Professionelle Pflege‹ hilft Monika aber nicht wirklich. Sie spielt die Rolle der Krankenschwester und unterdrückt die Rolle des Mitmenschen. Aber eigentlich, sagt Monika, möchte sie viel lieber Frau Schmitz als Mitmensch begegnen. Zwei Herzen schlagen in ihrer Brust. Sie fühlt sich in ihrer Haut nicht wohl. Um nicht zerrissen zu werden, übersieht sie lieber die Angst der alten Dame. Sie deutet deren Zittern als gezielten Versuch, durch Hilflosigkeit ihre Zuwendung zu erzwingen. Wir überlegen, dass Frau Schmitz immer häufiger zittern muss, je mehr sie von Monika enttäuscht wird.

Monikas Rettungsboot entpuppt sich also als eine Falle. Sie leidet an Frau Schmitz. Sie möchte das, woran diese leidet, wegbekommen oder leugnen. Dies gelingt ihr nicht. Schließlich sieht sie sich als Opfer und Frau Schmitz als Täterin. Das wiederum gibt ihr das Recht, Frau Schmitz noch weniger von der ersehnten Nähe zu geben. Dummerweise leidet nun Monika, weil sie die alte Dame leiden lässt. Wie kommt sie aus dieser Falle heraus?

6. Wir besprechen einen Kompromiss.
Für den nächsten Tag nimmt Monika sich vor, sofort nach Betreten des Zimmers zu Frau Schmitz ans Bett zu gehen, einen Moment zu verweilen und zuzuhören, was die alte Dame sagen und mitteilen möchte. Monika will der Dame etwa 30 Sekunden schenken, in der nicht sie, sondern Frau Schmitz den Takt bestimmt. Danach wird sie sich eine bewusste Eigenzeit nehmen, das Zimmer verlassen und – wenn sie will – Handtücher holen.

Dadurch, so hoffen wir beide, entspannt sich der Zeitdruck, der bisher entstand, weil Monika gleichzeitig der alten Dame und sich selbst gerecht werden wollte. Sie wird nun abwechselnd eine kurze Zeit für Frau Schmitz und eine kurze Zeit für sich da sein. Das will Monika üben, und ich verspreche ihr, sie an ihren Vorsatz zu erinnern. Es ist nämlich nicht leicht, sich auch nur für wenige Augenblicke einem Menschen zur Verfügung zu stellen, das Heft des Handelns aus der Hand zu geben und sich vom Agierenden zum Reagierenden, der achtsam bleibt, sich von der Rolle des Pflegenden auf die Rolle des Mitmenschen, der einem anderen begegnet, umzustellen. Wenn man es ein paar Mal geübt hat, merkt man, dass man nicht untergeht, wenn man sich zur Verfügung stellt und, statt selbst zu handeln, etwas mit sich machen lässt.

Es fällt vielen von uns schwer, jeden Morgen von Frau Schmitz hören zu müssen, dass nachts keiner zu ihr kommt. Aber es fällt leichter, wenn man Frau Schmitz nach den langen Stunden des Alleinseins zugesteht, dass sie auf einen Menschen wartet, dem sie ihr Leid erzählen kann. Dieser Mensch braucht ihr nur sein Ohr zu leihen. Er muss nichts kommentieren, nichts erklären, nichts richtig stellen. Auf Floskeln kann er verzichten. Er muss aktiv zuhören.

Danach, und sei es nur 20 oder 30 Sekunden, darf er sich guten Gewissens zurückziehen und, wenn ihm nichts anderes einfällt, Handtücher holen.

7. Was kann Monika für sich tun, damit sie Kraft findet, Frau Schmitz zuzuhören, deren Zittern zu ertragen und sich ab und an umarmen zu lassen? Ich erzähle ihr, was sich andere Pfleger(innen) in ihrer Situation haben einfallen lassen. Beispielsweise haben sie sich eine Blume in das Zimmer einer »schwierigen« Person gestellt, und während sie sich mit der Pflege der Blume beschäftigen, halten sie die Ohren für die pflegebedürftige Person offen. Sie trinken ein Glas Saft, verwöhnen sich also, während sie Nähe aushalten. Oder sie halten sich an einem bunten Band fest, an dem sie sich herausziehen, wenn das Zuhören zuviel wird; sie nehmen Steine in die Hand, um sie als Handschmeichler oder als Kraftquelle zu nutzen. Oder sie haben vor dem Zimmer, das sie aus Gründen des Selbstschutzes verlassen müssen, einen Spiegel angebracht. Vor dem entladen sie sich, indem sie nach der Qual des Zuhörens Grimassen schneiden.

Der Fantasie sind keine Grenzen gesetzt, außer der natürlich, wo die Selbstpflege zu Lasten der alten Person geht.

8. Zurück zu meinen Beobachtungen.
Monika hat Frau Schmitz die Schuhe angezogen und sie auf den Nachtstuhl gesetzt.

Das Erste ist geschafft. Monika setzt sich auf das Bett von Frau Schmitz und nutzt die Zeit, die Frau Schmitz zur Erledigung ihres Geschäftes braucht, um das Rettungsboot für einen Moment zu verlassen und zu Frau Schmitz einzutauchen.

Monika: »Haben Sie gut geschlafen?«

Frau Schmitz: »Wenn ich im Bett liege, kommt kein Mensch.«

Sofort bricht Monika den Tauchgang ab und kehrt in ihr Boot zurück.

Aus dem sicheren Boot heraus gibt Monika zu bedenken: »Dann ist ja auch Nacht.«

Was soll Frau Schmitz jetzt noch sagen?

Monika bricht das Schweigen: »Soll ich Sie jetzt waschen?«

Keine Antwort.

»Fertig?« fragt Monika, der die Zeit des Abwartens zu lang wird.

Frau Schmitz bewegt ihre zitternde Hand auf Monika zu.

»Mit Pipi?« fragt Monika nach.

Frau Schmitz: »Ich bin so ungern alleine.«

Monika: »Sind Sie fertig?«

Frau Schmitz: »Ja.«

9. Auch in dieser Situation wehrt Monika die von Frau Schmitz ersehnte Nähe durch Pflegeverrichtungen und an Pflege orientierter Sprache ab. Einfühlsame Worte würden sie, so glaubt Monika, in die Welt des Wehleidens, der Angst und der Einsamkeit von Frau Schmitz hineinziehen. Und das, wie gesagt, hält sie nicht aus. Lieber drückt sie auf das Tempo und das mit Blick auf die knappe Zeit – zu Recht, wie Monika meint.

Zeit ist das Reizthema in der Pflege. Mit Mangel an Zeit lässt sich schnell jedes ungehaltene Verhalten rechtfertigen. Monika und ich denken über Zeit nach, und es wird bald klar, dass es in der Pflegebeziehung nicht nur um chronologische Uhrzeit geht, sondern um Eigen-Zeiten, um den eigenen Rhythmus, um den unterschiedlichen Takt bei Menschen. Ich rechne vor, dass Monika gerade einmal eine gute Minute auf das Wasserlassen von Frau Schmitz gewartet hat. Die Pflegerin ist überrascht und sagt: »Das war eine gefühlte halbe Stunde!« Offensichtlich hat Monika einen sehr schnellen, lebendigen Takt und der scheint sich überhaupt nicht mit der trägen Bedächtigkeit der alten Dame zu vertragen. Es ist also nicht nur das Tick-Tack der Uhr, das auf das Tempo drückt, sondern das innere Zeitgefühl. Zeit ist eben keine Frage der Länge, sondern der Tiefe.

10. Ich frage Monika, ob es ihr helfen würde, wenn sie Frau Schmitz alleine auf dem Nachtstuhl sitzen ließe. Darauf will sie es auf keinen Fall ankommen lassen. Sie befürchtet, die alte Dame ließe sich dann von dem Stuhl herunter gleiten; das habe sie schon öfter gemacht und dann läge sie auf dem Boden mit dem Kopf unter dem Bett.

Ich finde solche Beobachtungen höchst interessant, zeigen sie doch, wie viel Selbstheilungskräfte alte Menschen besitzen. Wenn Frau Schmitz alleine gelassen feststellt, dass sie ihren Körper nicht beherrschen und nicht halten kann, wenn sie sich unbedingt an einen Menschen lehnen, ja klammern möchte, damit sie nicht umfällt, aber kein Pflegender greifbar ist, dann verschafft sich Frau Schmitz die Sicherheit, die sie braucht; sie legt sich auf den Boden, den Kopf unter das Bett. Auf meine Nachfrage wird bestätigt, dass sich Frau Schmitz bei ihren Rettungsversuchen noch nie verletzt hat.

Dennoch könne man, ist Monika überzeugt, es nicht darauf ankommen lassen.

Noch wird das aus meiner Sicht kompetente Verhalten der alten Dame von Monika und ihren Kolleg(inn)en als Provokation gedeutet. Sie wolle Aufmerksamkeit erzwingen, heißt es. Ich bin überzeugt, dass Monika und ihre Kolleg(inn)en mit zunehmender Selbstpflege auch einen anderen Blick für die Eigen-Sinnigkeiten der alten Menschen entwickeln werden.

11. Was aber könnte Monika helfen, sich auf einen ihr fremden Rhythmus umzustellen? Wie kann sie sich entschleunigen? Ich schlage ihr vor, in der Zeit des Wartens etwas für sich zu tun. Vielleicht mag sie eine Kerze anzünden? Eine Duftlampe? Entspannungsmusik abspielen? Eine Dekoration umgestalten?

Monika gesteht, dass sie normalerweise den Fernsehapparat einschaltet. Der lenke sie ab. Heute habe sie das nicht getan, weil sie unter meiner Beobachtung stand. Der Blick auf den Fernsehapparat, sage ich ihr, sei auch gut, er lenke sie ab und lasse sie einen Blick auf das Festland werfen. Wichtig ist, dass Monika weiß, Fernsehen ist ihr Rettungsboot. Fernsehen hilft ihr, die Zeit des Wartens zu überstehen. Wenn sie erkennt, dass Fernsehen ihr und nicht Frau Schmitz hilft, kann sie darauf verzichten. Mit dem Fernsehen gelingt es nicht, Frau Schmitz, die über ihre Einsamkeit wehklagen will, auf andere Gedanken bringen zu wollen: »Gucken Sie mal, Frau Schmitz! Haben Sie das gesehen?«

Mit ein bisschen Übung gelingt beides, ein Rettungsboot benutzen und gleichzeitig einfühlsam zuhören.

12. Als Frau Schmitz endlich ihr Geschäft auf dem Nachtstuhl beendet hat, hebt Monika die Bewohnerin an, legt den Deckel auf den Nachtstuhl und setzt sie wieder hin, um sie zur Nasszelle zu fahren. In der Nasszelle sagt Monika:

»Ich hol die Unterwäsche«, und lässt Frau Schmitz vor dem Waschbecken alleine.

Frau Schmitz: »Was mach ich jetzt?« Frau Schmitz zittert. Monika sucht im Schrank nach der Unterwäsche.

In unserem Gespräch sieht Monika sofort ein, dass sie nach den gefühlten 30 Minuten Langsamkeit und Stillstand eine Schleuse zum Durchatmen benötigt. Das Holen der Unterwäsche rettet sie. Das ist soweit in Ordnung. In Zukunft will Monika jedoch ihre Auszeit bewusster nutzen. Sie nimmt sich vor, nicht mehr zu denken: »Jetzt muss ich auch noch die Unterwäsche holen und suchen«, sondern: »Ich will mich von Frau Schmitz entfernen, ich brauche eine Zeit, in der ich ihr nicht zur Verfügung stehe. Und das mache ich am Wäscheschrank. Dort atme ich durch.«

Kein Mensch kann unentwegt für andere Menschen zur Verfügung stehen. Jeder, der andere Menschen pflegt, benötigt Zeiten, in denen er nur für sich ist, in denen er sich den Ansprüchen derjenigen, für die er sorgen will, entziehen kann. Der Pflegende ist also, wenn er überleben will, auf Eigenzeiten angewiesen, in denen kein anderer Mensch Energie von ihm absaugt. Also geht er auf Distanz. Dieses Verhalten ist durchaus normal. Es wirkt aber unglaubwürdig, weil die Pflegenden nicht ehrlich mit ihrem Wunsch nach Rückzug umgehen, ja sogar so tun, als hätten sie keine persönlichen Bedürfnisse.

Natürlich nehmen sich die Mitarbeiter(innen) in der Altenpflege Eigenzeiten. Sie haben keine andere Wahl, denn sie müssen sich ausrichten, sich ins Gleichgewicht bringen, wieder zu sich selber finden, sich sammeln oder sich entladen, Dampf ablassen oder durchatmen. All das tun sie, nur leider sehr oft unwissentlich, unreflektiert, heimlich oder mit einem schlechten Gewissen. Und deshalb sind ihre Bemühungen um Selbstpflege eher hilflos und zufällig, was dann wiederum dazu führt, dass sie sich ertappt fühlen, wenn sie berechtigterweise miteinander reden, um auf andere Gedanken zu kommen, wenn sie zusammenstehen und lachen, wenn sie in sich versunken eine Tasse Kaffee trinken und nicht ansprechbar wirken oder im Raucherzimmer mit dem Vogel reden.

Bei unseren weiteren Überlegungen kommt Monika auf die Idee, sich einfach vor die Nasszelle oder in den Türrahmen zu stellen und aus der sicheren Entfernung auf den Seelenzustand von Frau Schmitz einzugehen. Dann, so sagt sie, hätte sie eine Eigenzeit und könnte diese sogar mit Frau Schmitz teilen. Und Frau Schmitz hätte Gelegenheit, von Ihrer Mutter zu erzählen, ohne dass sie sie ständig auffordern muss, sich zu waschen, statt von der Mutter zu erzählen.

13. Monika hat die Unterwäsche ausgesucht und ist zurück in der Nasszelle. Frau Schmitz hat den Wasserhahn aufgedreht und wäscht ihre Hände.

Kommentarlos wird der Wasserhahn von Monika geschlossen: »Ich zieh Ihnen zuerst das Nachthemd aus.«

Frau Schmitz gehört zu den alten Menschen, die sich glücklicherweise selbstständig waschen können – aber leider nicht alleine. Es muss jemand in ihrer Nähe bleiben, während sie sich ohne Hilfe wäscht. Sie wäscht mit dem Waschlappen das Gesicht. Monika fällt es schwer, nur zusehen zu müssen und im Bedarfsfalle zu helfen, also zu reagieren, statt zu agieren. (Ein weiterer Grund für Monika, vor der Nasszelle achtsam zu warten.) Also wäscht Monika schon mal den Rücken von Frau Schmitz.

Monika: »Jetzt untenrum.«
Frau Schmitz: »Das mach ich.«
Sie wäscht ihren Genitalbereich.
Monika hebt die alte Dame an, um ihr das Waschen zu erleichtern.
Frau Schmitz: »Ich glaub, da werd ich wie meine Mutter.«
Monika: »Wie kommen Sie denn da drauf!«
Frau Schmitz schweigt.
Schade, jetzt erfahren wir nicht, was Frau Schmitz mitteilen wollte.

14. Es sind schon 20 Minuten vorbei und Monika macht nun voran im Programm: eincremen, Einlage anlegen, Schuhe aus – Hose und Bluse an – und Schuhe wieder anziehen.
Frau Schmitz reinigt ausgiebig ihre Zahnprothese.
Monika dreht den Wasserhahn zu und sagt:
»So ist gut. So sauber waren die Zähne ja noch nie.«
Frau Schmitz öffnet den Wasserhahn. Monika schließt ihn nach 5 Sekunden wieder.
Sie will zum Ende kommen. Sie kann sich nicht mehr zusammenreißen.
Frau Schmitz kämmt sich. Monika nimmt ihr den Kamm aus der Hand:
»Ich tu mal hinten (kämmen).«
Endlich. Fertig.
Frau Schmitz: »Darf ich mich hinlegen?«
Monika: »Ich würde ja zuerst Kaffee trinken und mich dann hinlegen.«
Frau Schmitz: »Jetzt hab ich wieder Angst.«
Monika überhört das, schiebt Frau Schmitz im Rollstuhl zur Frühstücksgruppe und gibt sie dort an eine Kollegin ab.
»Jetzt«, sagt Monika, »brauch ich eine Zigarette.«

15. Sie geht auf ihre Insel, das Raucherzimmer. Sie braucht jetzt eine Zeit, in der sie nicht zur Verfügung stehen muss, keinen Meeresbewohner vor Augen sehen will. Das Raucherzimmer ist ihr Rückzugsraum. Nur leider sind echte Rückzugsräume in der Altenpflege selten. Selbst das separate Raucherzimmer schützt Monika nicht vor den Bewohnern. Frau Schmitz ruft: »Ist da jemand?« und Monika muss noch mal alle Reserven zusammenreißen, um das Rufen zu überhören. Sie redet mit dem Vogel, um nicht für Frau Schmitz da sein zu müssen. Sie will sich abschotten, nur für sich sein. Diese Abschottungen sind wichtig, aber in einem Pflegeheim selten möglich. Das Gefühl, permanent anderen Menschen zur Verfügung stehen zu müssen, macht die Arbeit in der Altenpflege für die Pflegenden auf Dauer unerträglich. Deshalb wird es höchste Zeit, die Pflegeheime zu verändern und die Milieugestaltung vom Pflegenden aus zu denken. Nicht die Bewohner, sondern Monika und ihre Kollegin brauchen die Vögel in dem Vogelbauer. Selbstsorge ist das gute Recht der Pflegenden und dieses Recht muss in den Pflegeheimen finanziell unterstützt werden.

16. Interessant ist Monikas Frage, ob sie auf ihrer Insel das Mitleid, das sie Frau Schmitz nicht geben kann, ihrem armen Vogel zu gute kommen lässt. Mag sein. Vielleicht ist ja auch sie der arme Vogel, auf dem alle herumhacken. Auf jeden Fall ist diese Frage ein Beweis, dass sich die Pflegerin auf das Abenteuer der Bildung, des Verstehens und der Selbstreflexion eingelassen hat.

Somit hat sich die Methode der Interpretationswerkstatt bei Monika als hilfreich erwiesen. Sie hat den Prozess der Selbstpflege, von dem auch die alten Menschen profitieren werden, begonnen. Voraussetzung für den Erfolg der Methode sind Mitarbeiter(innen), die bereit sind, sich zurückzunehmen, auf Distanz zu sich selbst zu gehen und von außen auf sich selbst zu schauen, die in der Lage sind, die Perspektive zu wechseln und eine Zeit der Unsicherheit auszuhalten, bis neue Sicherheiten gewonnen werden.

Leider treffen diese Eigenschaften nicht auf alle Mitarbeiter(innen) in der Altenpflege zu. Einige (manchmal viele) verweigern sich und bleiben bildungsresistent. Wenn aber etwa die Hälfte eines Pflegeteams bereit ist, sich selbst in den Blick zu nehmen und Pflege von sich aus zu denken, dann hat die Methode oft durchschlagenden Erfolg. Sichtbar wird der Erfolg durch kleine Dinge, mit denen die Mitarbeiter(innen) das Milieu verändern.

17. Schlussbemerkung
Man muss keine Sorge haben, dass die Selbstpflege übertrieben wird. Der Pflegende, der seine trotz oder gerade wegen des erheblichen Zeitdrucks genommenen unreflektierten Aus-Zeiten in bewusste Eigen-Zeiten verwandelt, wird im nächsten Schritt überlegen, wie er seine Eigenzeiten mit den Bewohnern teilen kann. Und dann sind die Mitarbeiter(innen) da angekommen, wo sie eigentlich immer hin wollten, bei den alten Menschen. Monika ist auf dem besten Wege dazu.

Literatur

Schützendorf E (2004) Das Recht der Alten auf Eigensinn. München (Reinhardt).
Schützendorf E (2006) Wer pflegt, muss sich pflegen. Wien, New York (Springer).

Korrespondenzadresse:
Erich Schützendorf
Benrader Straße 25
47918 Tönisvorst
E-Mail: *e.schuetzendorf@web.de*

Supervision eines Krankenpflegevereins für Palliativpflege

Bertram von der Stein (Köln)

Was am Sterben weh tut, ist das Leben.
Jean Anouilh

Zusammenfassung

Berichtet wird über eine dreijährige Supervision eines am Rande einer Großstadt tätigen Krankenpflegevereins in Trägerschaft einer katholischen Kirchengemeinde, der ein Hospiz betreibt und schwerstkranke Palliativpatienten auch ambulant versorgt. Vor dem Hintergrund einer äußerst heterogenen Personalstruktur und einer Schwellensituation der Institution zwischen ehrenamtlicher Tätigkeit und zunehmender Professionalisierung werden die auftretenden gravierenden und zum Teil malignen Konflikte der Mitarbeiter dargestellt.

Stichworte: Sterbebegleitung, Entgrenzung, Sinn, Tod, Einsamkeit, Ekel, Angst.

Abstract: Supervision of a nursing home association for palliative care

The contents of this report is a three-year-long supervision of a nursing home association sponsored by the Catholic Church, operating a hospice in the suburbs of a major city and caring for severely ill palliative patients and also out-patient. Serious and to some extent malignant conflicts of staff members resulting from a very heterogeneous staff structure and the merging of the institution between voluntary work and increasing professionalism will be presented.

Key words: Terminal care, delimitation, sense, death, loneliness, disgust, fear

Einleitung

Sterben, Endlichkeit und Tod weisen jeden Menschen auf existenzielle Fragen hin. Die Verletzlichkeit trifft Menschen vor allem in der Endphase des Lebens unverhüllt. Todesverleugnung in Form eines Glaubens an die eigene Unverletzlichkeit und das daraus resultierende Streben nach Macht, Effizienz und Kontrolle sind dann nicht mehr möglich. Deshalb treten narzisstische Konflikte bei den Betroffenen selbst und deren Angehörigen verstärkt auf. Der Glaube an einen allmächtigen Retter und der Zweifel an ihm kommen dann manchmal zum ersten Mal ins Bewusstsein, wodurch frühe Gefühlsambivalenzen reaktiviert werden. Religiöse, philosophische und naturwissenschaftliche Erklärungssysteme gelangen in einem solchen Zustand an ihre Grenzen.

Wenn man mit Sterbenden zu tun hat, wird natürlich auch die Angst vor dem eigenen Leiden und vor dem Tod berührt. Im Brennpunkt dieses Geschehens steht das Pflegepersonal in einem Hospiz. Da die Hospizbewegung relativ neu ist und die Pflege und Betreuung Sterbender jeden Einzelnen an seine Grenzen führt, ist die persönliche Belastung hoch, zumal sich viele innere und äußere Konflikte der Patienten im Team widerspiegeln, ohne hinreichend entgiftet zu werden. Ferner ist in solchen Organisationen eine feste Einbindung in einen stabilen institutionellen Rahmen oft noch nicht gegeben. Der gesellschaftliche Standort der Palliativpflege ist noch wenig geklärt und die Gefahr, diese ebenso wie den Tod aus dem Alltag zu verbannen, ist immer noch sehr groß.

Der diffuse Auftrag

Ich erhielt einen Anruf des Pflegedienstleiters des Pflegevereins, der mir sagte, er wolle mich für eine Supervision gewinnen. Er habe vor 3 Jahren den Krankenpflegeverein übernommen und halte es jetzt für angebracht, mit Supervision zu beginnen. Er habe sich mit psychoanalytischer Supervision beschäftigt und wisse, dass zahlreiche unbewusste Prozesse in seinem Team abliefen, die schwierig seien. Auf die Frage, warum gerade jetzt der Wunsch nach Supervision aufkomme, antwortete er telegrammstilartig. »Es ist alles zuviel, zu heftig, zu unübersichtlich und zu anstrengend geworden.« Er glaube, sein ›Verein‹ sei in einer Umbruchzeit. Im Gespräch stellte sich schließlich heraus, dass von ihm eine Mischung von Fallsupervision, Teamsupervision und stellvertretender Leitung gewünscht wurde. In diese Richtung zielte die etwas verschämt klingende Frage an den Supervisor, ob er sich mit Teams, Personalführung und Leitungsaufgaben auskenne. Mir schien, der Pflegedienstleiter fühlte sich überfordert; auf eine entsprechende Intervention meinerseits beklagte er, von allen Seiten unerfüllbaren Forderungen ausgesetzt zu sein: von den Patienten, den Angehörigen, den Mitarbeitern und dem Träger. Aber eigentlich gehe es allen so, die Klagen wegen Überforderung hätten zugenommen. Auch ich spürte bei diesem Gespräch Überforderungsängste, war ich doch bisher überwiegend analytisch geschulte Klinikteams und Einzelsupervisionen gewöhnt. Ich spürte bereits jetzt den Druck einer überzogenen Heilserwartung. Ich teilte ihm meine Befürchtungen mit, schließlich könne eine Supervision zwar einiges klären, aber habe natürlich auch ihre Grenzen. Grenzen seien ein guter Begriff, meinte der Pflegedienstleiter, diese würden oft fehlen, jedenfalls in den Köpfen der Mitarbeiter. Er schlug vor, die Supervision solle wegen Zeit und Geldmangel nur alle sechs Wochen stattfinden, meinem Eindruck nach viel zu selten. Nach diesem Telefonat ließ ich mich nur mit gemischten Gefühlen auf diese Supervision ein.

Die ersten Stunden

Die Kaffeemaschine lief, neue Stühle standen chaotisch im Zimmer herum, weder im Kreis noch in Sitzreihen. Taschen und private Kleidungsstücke lagen wahllos drapiert auf ihnen herum. Die Mitarbeiter kamen innerhalb von zehn Minuten nach dem vereinbarten Termin. Eine Schwester brachte Erdbeerkuchen mit. Zuerst bekam ich Kaffee und Kuchen, ein geordneter Anfang war nicht möglich, da erst einmal alle etwas essen. »Bei uns ist das oft so, wir haben oft keine Mittagspause, und da immer jemand Geburtstag hat, gibt's dann Kaffee und Kuchen!«, sagte eine Schwester. »Essen hält Leib und Seele zusammen ... Bei uns ist das auch deshalb so schön, weil wir viele ausländische Pflegekräfte haben; da wird die Speisekarte bunter ...« Der Erbeerkucken war sehr lecker, ich wollte nicht gleich in der ersten Stunde als Spielverderber auftreten, fühlte mich aber doch befremdet. Nach zehn Minuten stellte ich mich dann vor, initiierte eine Sitzordnung im Kreis, benannte zunächst die Arbeitsperspektive der Fallsupervision und grenzte diese gegen eine Teamsupervision und gegen Selbsterfahrung ab. Der Pflegedienstleiter ergänzte, manchmal spielten andere Dinge in die Fallbesprechung hinein, nicht Persönliches, aber vielleicht unterschiedliche Vorstellungen über die Arbeit. Zwar hatte ich den Eindruck, dass viele Teammitglieder trotz meiner Erklärungen vieles nicht verstanden hatten, jedoch hielt ich es für nicht hilfreich, zu viele theoretische Deklarationen abzugeben.

Schon in der Vorstellungsrunde fiel auf, dass das Team sehr heterogen war. Zuerst stellten sich die langjährigen Mitarbeiter vor: Schwestern und Pfleger, die seit der Anfangszeit dabei waren und zumeist über Kontakte mit der Kirchengemeinde zu ihrer Stelle gekommen waren, dann zwei Frauen, die zehn Jahre später hinzugekommen waren, und schließlich teils gelernte, teils ungelernte Mitarbeiterinnen aus Polen und Russland. Bei der Vorstellung fiel mir auf, dass man anfangs Wert auf katholische Mitarbeiter gelegt hatte. Die jüngsten Mitarbeiter stammten aber aus der Ukraine und eine Pflegerin war jüdisch.

Eine Atmosphäre von Unsicherheit lag in der Luft, einzig das gemeinsame Essen schien geregelt zu sein. Schließlich stellte das Team einen Fall vor, der offenbar allen Schwierigkeiten machte:

Fall 1: Der alkoholkranke Lehrer mit der schizophrenen Frau

Ein 77-jähriger Lehrer, Herr Z., Vater von 5 Kindern, lebt mit seiner 75-jährigen, seit 40 Jahren chronisch an einer Schizophrenie erkrankten Ehefrau in einem Eigenheim. Er war früher in der katholischen Gemeinde aktiv, viele vom Stammpersonal hatten ihn in der Schule. Er sei ein strenger, kleinlicher Lehrer gewesen; ein Pfleger behauptete, durch den Angst machenden Druck dieses Lehrers habe er das Abitur geschafft. Im Alter von 25 sei bei der Ehefrau die schizophrene Erkrankung ausgebrochen, erst nach zwei weiteren Schwangerschaften sei die klare Diagnose gestellt worden. Die erwachsenen Kinder des Paares sind vielen Mitarbeitern bekannt; sie seien auffällig: Ein Sohn, ebenfalls Pflegedienstleiter in einem Heim gehöre mit seinen 9 Kindern einer katholischen Extremgruppe an und kontrolliere dort das Team.

Mittlerweile stehe der Lehrer meist unter Alkoholeinfluss, er habe ständig eine Fahne, gelte aber, da er sich angeblich liebevoll um seine Frau kümmere, als besonders guter Christ. Da er den Hospiz- und Pflegeverein in der Anfangszeit unterstützt hatte und mit dem Schatzmeister befreundet sei, gelte er als unangreifbar. Als besondere »Gratifikation« – wie eine Schwester sarkastisch bemerkte – biete er regelmäßig wurmstichiges und faules Obst aus dem eigenen Garten an. Auch verwickle er die Pfleger in endlose Gespräche. Im letzten Jahr wurde Herr Z. vollends zur Belastung, da nicht nur die Betreuung der Frau viel Zeit koste, sondern auch er wegen seiner

Trunksucht im Grunde an der Grenze zur Betreuungsbedürftigkeit stehe. Es wurden Stimmen im Mitarbeiterkreis laut, die Betreuung der Ehefrau zu beenden, da sie kein palliativmedizinischer Fall sei. Was solle man tun?

Entgrenzung in der Begrenzung

In der Anfangszeit der Supervision zeigte sich an der Vorstellung von Patienten, deren Probleme ähnlich gelagert waren, dass das Gefühl für Grenzen bei einem Großteil des Pflegeteams nicht vorhanden war. Deshalb war mir wichtig – gerade zu Anfang –, auf Grenzen in der Supervision hinzuweisen: Es sollte meiner Ansicht nach eine Fallsupervision und keine Teamsupervision stattfinden. Trotzdem ließ sich beides nicht säuberlich trennen, war doch dieser Patient geradezu ein Paradebeispiel für die schwierige Teamsituation: Es stellte sich außerdem heraus, dass sich ein Gefühl für Abstinenz und Diskretion gegenüber den zu Betreuenden wenig einstellte, da die meisten Stammmitarbeiter aus den Jugendorganisationen der Kirchengemeinde hervorgegangen waren und die Patienten zum Teil aus früheren Zeiten gut kannten. Alte Beziehungen, die schon vor dem Pflegeverhältnis bestanden, beeinflussten dieses und bewirkten, dass sich Teammitglieder wie Kinder im Verhältnis zu den Betreuenden fühlten oder Tendenzen zeigten, sich in ein nachbarschaftliches Verhältnis einbinden zu lassen. Hierzu gehörten auch Angebote von Patienten und Angehörigen, Pflegepersonal auf subtile Weise in alte Beziehungen zum eigenen Vorteil zu verstricken. Infantilisierung oder Parentifizierung der Pflegekräfte prägten das Bild. Typisch hierfür war, dass ältere Patienten Pfleger und Schwestern duzten und dass insbesondere bei Patienten, die als Autoritätspersonen galten (wie pensionierte Lehrer, Pfarrer oder Rechtsanwälte), ungelöste Autonomie- und Abhängigkeitskonflikte des Pflegepersonals sich destruktiv auf das Behandlungsverhältnis auswirkten, zumal es vielen Teammitgliedern schwer fiel, mit eigenen Aggressionen umzugehen. Alte Unterordnungsverhältnisse setzten sich unausgesprochen in der Pflegesituation fort. Wie ein Pfleger trefflich formulierte, lagen Fluch und Segen der Vertrautheit nahe beieinander.

Unausgesprochene Neid-, Selbstwert-, und Autonomiekonflikte waren bei einem hohen, altruistisch gefärbten moralischen Ansatz unübersehbar. Diese Problematik spielte aber auch in administrativen Abläufen des Krankenpflegevereins eine große Rolle. Grenzen waren nach außen oft unklar, die

Aufgaben nach innen waren trotz implementierter Hierarchie mehr informell als formell definiert. Heftige Neiddebatten, in welches Viertel man als ambulanter Pfleger fahren müsse und ob es besser sei, den ambulanten oder den stationären Sektor zu betreuen, bestimmten endlose Diskussionen.

Als der sich aufschaukelnde Konflikt mit dem als bedrohlich, hinterhältig und korrupt empfundenen Lehrer sich recht glimpflich löste, indem dieser – äußerlich schweren Herzens –, aber dennoch mit Erleichterung seine Frau in einem psychiatrischen Heim unterbrachte und selbst eine Entgiftung machte und sich mit einem für seine Verhältnisse üppigen Blumenstrauß bei den Schwestern und mit Rotwein bei den Pflegern bedankte, waren alle erleichtert. Gleichzeitig wuchs etwas verschämt die Einsicht, dass manche schwierigen Patienten stellvertretend eher für Teamschwierigkeiten fungierten.

Zur Vorgeschichte der Institution

Der Krankenpflegeverein wurde in den 70er Jahren durch einen Diakon der katholischen Kirchengemeinde am Rand einer Großstadt gegründet. Zunehmende Alterung der ortsansässigen Bevölkerung und ein Versorgungsdefizit mit ambulanten Krankenpflegekräften ließen einen Krankenpflegeverein entstehen, der zunächst ehrenamtlich von einer Krankenschwester organisiert wurde. Das Gründungselternpaar hatte sich in der Zeit, als die Supervision begann, schon drei Jahre zuvor zurückgezogen. Kennzeichnend für die Anfangsphase waren Initiative, Improvisationstalent und Durchsetzungsfähigkeit der ehrenamtlichen Gründer, die in einem nicht institutionalisierten Bereich das altruistisch akzentuierte, christliche Leitbild hochhielten. Erfahrungen mit schwierigen Patienten und mit sozialen Extremsituationen gab es offenbar in der Anfangszeit weniger. Im Laufe der Zeit entwickelte sich die Institution zu einem gemeinnützigen Verein mit einem Vorstand, der aus Mitgliedern des Pfarrgemeinderates und des Kirchenvorstandes, also überwiegend Laienkräften, bestand.

Vorsitzende waren der Diakon und später die Krankenschwester, die ihrerseits über ein ungewöhnliches Organisationstalent und eine hohe Durchsetzungsfähigkeit verfügte. Unter ihrem Vorsitz war es möglich, mit Spendengeldern und öffentlichen Zuwendungen einen kleinen Stamm professioneller Pflegekräfte zu engagieren. Diese Pflegekräfte rekrutierten sich aus dem Gemeindeumfeld, genauer gesagt, aus ehemaligen Jugendgruppen der Gemeinde. Im Laufe der Jahre wuchs der Pflegeverein beträchtlich. Man gründete eine Palliativstation und kümmerte sich mit sieben hauptamtlichen Pflegekräften und zahlreichen nebenamtlichen Mitarbeitern um Palliativ-patienten im Wohnumfeld der Gemeinde. Gleichzeitig veränderte sich auch die Klientel: Waren es zu Anfang überwiegend der Mittelschicht angehörige Mitglieder der Kirchengemeinde, so kamen Ende der neunziger Jahre der Kirche fernstehende Personen aus einem benachbarten sozialen Brennpunkt hinzu. Dazu gehörten auch etliche ältere Migranten. Der Verein blieb stabil, solange die alte Krankenschwester den Vorsitz hatte und Konflikte von ihr wie in einer Monarchie entschieden wurden.

Die Gemeindemitglieder der Kirchengemeinde waren lange Jahre in die Abläufe des Pflegevereins nicht einbezogen, er wurde von diesen aber ober-flächlich anerkennend zur Kenntnis genommen. Manche Gemeindemitglieder beteiligten sich an einem ehrenamtlichen Besuchsdienst. Nach der Aufgabe des Vorsitzes durch die mittlerweile über 80-jährige Krankenschwester wurde ein Pflegedienstleiter engagiert, ein neuer Diakon zum Vorstandsvorsitzenden berufen und die finanzielle Verwaltung durch Laienkräfte erledigt. In dieser Zeit kam es zu zahlreichen Konflikten und Unregelmäßigkeiten, einmal be-dingt durch eine arbeitsmäßige Überlastung, andererseits aber auch wegen einer relativ unorganisierten und chaotischen Finanzplanung. Hinzu kam, dass der neue Vorsitzende bei den meisten der Mitglieder wenig beliebt und anerkannt war.

Ursprünglich galt das Pflegeteam als verlängerter Arm der Seelsorge. Christliche Leitbilder wie Nächstenliebe, Mitleid, Fürsorge und Opferbe-reitschaft standen diffus neben modernen professionellen Leitbildern sozi-aler Berufe, wie effektive Therapie, Solidarität, Empathie, Autonomie und professionelles Selbstverständnis. Dementsprechend stießen unintegriert unterschiedliche Strategien aufeinander: wie abwartendes Verstehenwollen gegen entschlossenes Handeln, grenzenlose Nächstenliebe gegen professionelle Abgrenzung. Eine Vorstellung war offenbar allen zuwider, nämlich explizit Macht auszuüben und Macht- und Kompetenzfragen zu klären. Es bestand ein diffuses Führungsideal, ein Gemisch aus christlicher Basisgemeinde und alternativer Selbsthilfeinitiative. Angesichts einer wachsenden, immer hetero-gener werdenden Klientel, einer steigenden Zeitverdichtung und knapperen Kassen erwies sich der auf informellem Gutmenschentum basierende diffuse Verhaltenskodex als nicht mehr ausreichend. Da offenes Ansprechen von Kon-flikten tabu war und eine verzerrte Vorstellung von christlicher Nächstenliebe herrschte, wurde mancher Konflikt (wie bei Fall 1) maligner empfunden, als er eigentlich war und daher nur unterschwellig ausgetragen. Als sich wieder einmal Teamkonflikte hochschaukelten, brachte eine jüngere Schwester das Problem auf den Punkt: »Die Patienten haben Krebs, wir haben Krebs in manchen Teambeziehungen«.

Christliche Werteordnung und Menschenverachtung

Obwohl eine Fallsupervision vereinbart war, kamen Team- und Vereinskonflikte schamlos offen zur Sprache. Ein Vorstandsmitglied, das verbal sehr abgewertet wurde, habe wenig Wertschätzung für die alltägliche Hospizarbeit. Er habe geradezu einen Hass auf das Pflegepersonal, weil seine Frau, mit der er in einer konflikthaften Beziehung lebe, körperbehindert sei. Jetzt müsse er als guter Christ das Gesicht wahren und seine Frau pflegen, obwohl er ein negatives Verhältnis zu ihr habe. Diesen Konflikt ließe er an den Pflegekräften aus. Eigentlich sei der »arme Mann ja zu bedauern«.

Mir schoss der Gedanke von einem anal-sadistischen Team-Überich durch den Kopf: Die Behinderung wird als Gottesurteil verstanden. Gleichzeitig kamen Neid und unverhohlene Schadenfreude zum Ausdruck. Auf eine konfrontative Deutung verzichtete ich aufgrund eines unklaren Gegenübertragungsgefühls vorerst und versuchte, auch wenn es mir schwerfiel, die Situation zu verstehen. Gegen Ende der Stunde teilte ich vorsichtig – vorsichtiger, als ich es sonst tue – mit, dass es im Team offenbar zwei Tendenzen gebe, einerseits ein großes Engagement und hohe christliche Ideale, andererseits jedoch einen entwertenden und verächtlichen Umgangs- und Sprachstil. Offensichtlich sei es auch schwierig, mit Sterbenden und chronisch Kranken umzugehen, wenn man im Privatleben wie das Vorstandsmitglied selbst belastet sei. Nach einigen Minuten betretenen Schweigens begründete eine Schwester das Verhalten des Teams damit, dass die Mitglieder sich oft überfordert und von der Leitungsebene im Stich gelassen fühlten. Auch werde es ihnen manchmal mit den Patienten und ihren Angehörigen zu viel. Nach weiteren verhaltenen Klagen über die Leitung kamen Aussagen, dass früher alles besser gewesen sei. Die Personen der Gründungszeit wurden heroisiert und die strukturellen Probleme kamen durch personalisierte Negativkonnotationen zum Ausdruck. Die Mitarbeiter des ambulanten Pflegedienstes hatten aufgrund des ökonomischen Druckes immer weniger gemeinsame Besprechungstermine und fühlten sich immer mehr in die Vereinzelung getrieben. Im Hospiz hatte sich noch keine Teamkohäsion gebildet. Ich hatte fast den Eindruck, dass die verunsicherte Leitung eine größere Teamkohäsion sogar verhindern wollte.

Das grundsätzliche Problem des Pflegeteams bestand also darin, dass hohe Überich-Anforderungen einerseits vorhanden waren und andererseits destruktive Tendenzen fast ungefiltert agiert wurden. Das mangelnde Gefühl für Grenzen zwischen Scham und Exhibitionismus und zwischen Fallbesprechung und Selbsterfahrung war den meisten Mitgliedern des Pflegeteams nicht klar.

Selbstenthüllende Bekenntnisse über Missbrauchs- und Gewalterfahrungen kamen in weiteren Supervisionen auf, wurden aber vom Supervisor begrenzt. Später ging es auch um die Spaltung zwischen ausgebildeten Pflegekräften aus der Kirchengemeinde und unausgebildeten, die meist aus Osteuropa stammten und sich benachteiligt, ausgebeutet und chronisch unterbezahlt fühlten. Diese Spaltungen gingen mit Rivalitätskonflikten und Machtkämpfen einher, die zu gegenseitiger Entwertung und zu einer latent schlechten Stimmung führten.

Fall 2: Es fährt ein Zug nach nirgendwo

Eine 74-jährige ehemalige Verkäuferin, die an einem Pankreaskarzinom litt, beschäftigte viele Mitarbeiter durch ihr ständiges Klagen. Ein Pfleger hatte sogar einen Albtraum gehabt, in dem er mit der kachektischen Frau in der Holzklasse eines viel zu schnell fahrenden Zuges saß, der zu entgleisen drohte. Gleichzeitig hatte jemand die Melodie des Schlagers gepfiffen: »Es fährt ein Zug nach nirgendwo mit mir allein als Passagier«. Der Pfleger berichtete, dass die Patientin ihn stark an seine Tante erinnere.

Die Patientin ist unter ärmlichen kleinbäuerlichen Verhältnissen in Oberschlesien aufgewachsen, sie hatte keine Berufsausbildung erhalten und als Magd bei Verwandten gearbeitet. Kindheit und Jugend waren bestimmt von Gewalt, vom Alkoholismus des Vaters, von sexuellen Übergriffen und schließlich, nach dem verlorenem Zweiten Weltkrieg, von Schikanen durch polnische Soldaten und durch die nachrückende polnische Zivilbevölkerung. Ihre Ehe mit einem drei Jahre älteren Mann blieb kinderlos. 1976 war das Ehepaar nach Westdeutschland ausgesiedelt und hatte es zu einem bescheidenen Wohlstand in einer Trabantensiedlung gebracht. Bis zur Wende hatte man die in Polen verbliebene Restverwandtschaft mit Geld unterstützt.

Ein Jahr nach dem plötzlichen Tod des Ehemannes erkrankte die Patientin. Für sie bestand das Leben nur noch aus Verzicht und Versagung. Jetzt in ihrer Krankheit waren die in Polen verbliebenen Verwandten nur noch undankbar. Ihre Bilanz fiel negativ aus, alles habe sich nicht gelohnt. Sie äußerte heftige Ressentiments gegen Polen und andere Ausländer, die nach der Wende gekommen seinen, um dem deutschen Staat »auf der Tasche zu liegen«. Die Migranten im Pflegeteam fühlten sich angegriffen. Ein Pfleger, selbst Spätaussiedler, erwähnte ähnliche Erfahrungen, eine polnische Krankenschwester sprach von der Schwierigkeit, mit Ressentiments umzugehen, zumal einige alte Verwandte im Zweiten Weltkrieg durch deutsche Bomben ums Leben gekommen waren. Eine aus der Ukraine stammende Schwester sprach antisemitische Äußerungen von alten Patienten an. Stellenweise war es in der Supervision schwierig, die Mitarbeiter in ihren manchmal zu intimen Selbstbekenntnissen zu begrenzen. Sicherlich trug aber diese Stunde dazu bei, auch innerhalb des Teams Verständnis für Verletzungen der aus Osteuropa stammenden Pflegekräfte zu bekommen.

Letztlich wurde in der Supervision auch deutlich, dass mit dem Migrationsthema die Ohnmacht vor dem Tode und die Ängste vor dem Sterben verdrängt wurden. Wie bei einer Zwiebelschale hatten sich offenbar Ängste verschiedenster Art um diese Fallgeschichte gelegt. Die gedrückte Stimmung des Teams löste sich etwas, als auch tabuisierte Gefühle gegenüber der Patientin angesprochen werden konnten. Das Tabu »Über Tote und Sterbende redet man nicht schlecht« wurde durchbrochen, ohne dass das Gespräch abwertend wurde, indem die Wut über die sehr fordernde und moralisierende Patientin angesprochen werden konnte. Hilfreich war im Team vor allem die Erkenntnis, dass es trotz vorhandener Hilfsbereitschaft manchmal wichtig ist, Grenzen zu ziehen.

Generell berührte diese Patientin aber eine für viele Menschen brennende existenzielle Sinnfrage: Wie kann man angesichts des unausweichlichen Todes in der Gleichgültigkeit des Universums oder bei einem abgewandt erlebten Gott einen Sinn finden? Ferner demonstrierte die Patientin durch ihre aggressiven Beziehungsforderungen beängstigende Dimensionen ihrer Isolation, die erlebte Trennung, die zunehmende Unfähigkeit, alleine zu sein, und der verzweifelte Versuch, durch Verschmelzung Isolation und Todesangst zu überwinden. Solche Patienten zerstören ungewollt mit ihren Forderungen altruistisch gefärbte Größenfantasien der Pflegemitarbeiter, wodurch bei diesen narzisstische Wut mobilisiert wird, die auch eine Quelle für autodestruktive Teamkonflikte sein kann.

Fall 3: »Es kommt rückwärts« – Ekel in der Pflege

Auch im folgenden Fall bestand eine Verwicklung des Stammpersonals mit dem Patienten: *Herr M. war Grundschullehrer gewesen und hatte einige Pflegekräfte als Schüler unterrichtet. Er war damals als einfühlsamer Lehrer bekannt und beliebt gewesen. Nach seinem 74. Lebensjahr nahm er rapide an Gewicht ab und weigerte sich, der Forderung seines Hausarztes nach einer Darmuntersuchung (Koloskopie) nachzukommen. Als er im Hospiz aufgenommen wurde, hatte er ein inoperables stenosierendes Rektumkarzinom.*

Er hatte eine Odyssee durch verschiedenste Institutionen hinter sich. Nach einer stationären Untersuchung in einer Inneren Abteilung wurde er ohne weitere Therapie nach Hause entlassen. Er litt an explosionsartigen Durchfällen und dann wieder an Verstopfung. Seine Situation spitzte sich zu, als er eines Tages Kot erbrach. Das Koterbrechen (Miserere) tritt bei akutem Darmverschluss auf, deshalb musste der Patient sofort operiert werden. Er bekam einen Anus praeter (künstlichen Darmausgang).

Eine Schwester berichtete nun, wie sie von dem verzweifelten Patienten gerufen worden war, als dieser Kot erbrach. Das hatte sie so schockiert, dass sie sich nach dessen Rückkehr aus dem Krankenhaus geweigert hatte, ihn zu pflegen. Sie könne ihren Ekel kaum überwinden, sie träume von diesem Patienten und empfinde Koterbrechen wie einen Tabubruch. Alles in seinem Zimmer rieche nach Kot, er selbst habe sehr betroffen reagiert, als seine Enkel nicht in sein Zimmer wollten, er ekele sich vor sich selbst. Da das Team zögerte, über diesen Patienten zu sprechen, vermutete ich dahinter ein Team-Problem. Es widersprach dem hohen Arbeitsethos, Gefühle wie Ekel zuzulassen. Bei diesem Patienten war der Gefühlskontrast besonders drastisch, da er in gesunden Zeiten als penibler Ästhet bekannt war. Das allmähliche Zulassen von negativen Affekten in der Supervision ohne moralische Verurteilung verschaffte allen Erleichterung, denn andere Pflegekräfte konnten ebenfalls ihren schwierigen Umgang mit Ekel ansprechen.

Aus der Besprechung resultierte die weitere Pflegeplanung mit dem Ziel, die unangenehmen Tätigkeiten auf mehrere Personen zu verteilen. Der Patient war auch Streitobjekt im Team, da er von den »Alteingesessenen« eine besondere Beachtung bekam, was von den übrigen Pflegekräften als Ungerechtigkeit empfunden wurde. »Wenn der Türke wäre, würde sich keiner von Euch den Arsch aufreißen!«, war die heftigste Äußerung eines Pflegers. Zwischendurch kam es zu lautstarken Auseinandersetzungen, letztlich ging es aber darum, dass insbesondere die »Alteingesessenen« sich selbst überforderten, da sie aus Dankbarkeit ihrem alten Lehrer gegenüber seine letzten Tage ideal gestalten wollten. Einige hatten seinetwegen Überstunden gemacht und fühlten sich auch seiner Familie gegenüber moralisch verpflichtet, da sie seine Kinder gut kannten.

Da viele Mitarbeiter sich dem Patienten gegenüber offenbar in einer Elternübertragung befanden, war die Erfahrung seines Endes für sie schwer erträglich. Als Lehrer war er stets ein Garant für Struktur und Stabilität gewesen. Nun im Angesicht des Todes wurde aus dem standfesten Katholiken ein unsicherer Zweifler. Er weinte öfters in Gesprächen darüber, dass sein Glaube an einen guten allgegenwärtigen Rettergott unsicher geworden war. Er formulierte klagend viele bedrängende existenzielle Fragen: »Warum gerade ich? Warum lässt Gott mich so leiden? Alles dreht sich nur noch um meine Ausscheidungen, ist das lebenswertes Leben? Am liebsten wäre ich tot; kann mir niemand etwas geben, damit dies ein Ende hat?«

Zwar waren dem Team diese Fragen von anderen Patienten wohlbekannt, doch war es für viele eine Ernüchterung und Enttäuschung, dass das Sterben eines von manchen idealisierten Übervaters so alltäglich war. Es fehlten die wegweisenden letzten Worte und die Abgeklärtheit vor dem drohenden Ende. Stattdessen formulierte er angstvoll die Frage der Theodizee (»Wie kann Gott Leiden, Übel und Tod in der Welt zulassen?«) angesichts einer für ihn schwer erträglichen Pflegesituation. Wenn er über suizidale Impulse sprach, wurde gerade in den Reaktionen auf diesen Patienten deutlich, dass sich wohlwollendes Verständnis für alte Selbstmörder auf Menschen beschränkt (Teising 1992, 7), denen man nicht nahe steht. Als er letztlich unspektakulär für immer einschlief, waren Erleichterung und Enttäuschung zu spüren. Allerdings gab es auch Stimmen im Team, die gerade seine offene Unsicherheit angesichts des bevorstehenden Todes wertschätzten. Im Nachhinein hatte dieser Patient eine bis dahin vermiedene Sterbehilfediskussion angestoßen, die darin mündete, dass man zwar auf aktive Sterbehilfe verzichten solle, dass aber eine optimale Sterbebegleitung oft gar nicht möglich sei.

Die Opiatkonferenz – oder das Angebot der stellvertretenden Leitung

Gerade das Nachdenken über die beiden letzten Patienten hatten Grenzerfahrungen und Insuffizienzgefühle des Teams deutlicher gemacht. Dadurch konnte aber auch ein tatsächlicher Missstand angesprochen werden: Die Schmerzmittelmedikation für die Patienten war oft unzureichend, die Hausärzte kannten sich in der Opiatmedikation wenig aus, die Verschreibung von Opiaten war vor allem im Nacht- und Wochenenddienst deshalb so schwierig. Einige Mitarbeiter äußerten den Verdacht, dass Hausärzte dem Team unterstellten, Opiate zur aktiven Euthanasie zu verwenden oder als Suchtmittel zu missbrauchen. Andere fühlten sich von den Ärzten nicht ernst genommen und in ihren palliativmedizinischen Spezialkenntnissen missachtet. Gleichzeitig wurde die Kompetenz der Hausärzte in Frage gestellt. Schließlich wurde die Bitte geäußert, ich solle mit den niedergelassenen Hausärzten eine »Opiatkonferenz« initiieren, schließlich hätte ich durch den Kursus »spezielle Schmerztherapie« ja die Fachkompetenz dazu. Ich entgegnete, dass das Team seine Verantwortung an einen Arzt abgebe und sagte: »Sie verhalten sich so, als hätten Sie keine Ahnung von der Schmerztherapie und verlangen auf der anderen Seite, ernst genommen zu werden.« Nach einigem Hin und Her wurde der Wunsch, die Einladung der Hausärzte an mich als Supervisor zu delegieren, zurückgestellt und der Pflegedienstleiter lud schließlich die Hausärzte einige Wochen später ein. Immerhin kam die Hälfte der Eingeladenen, mit denen man sich auf ein gemeinsames Vorgehen bei der Verschreibung von Opiaten am Wochenende einigte. Schwierige Fälle können seither einem mit Palliativmedizin erfahrenen Anästhesisten in einem Schmerzzentrum vorgestellt werden. Zwar waren damit nur einige Kooperationsprobleme beseitigt, die Vereinbarung führte aber zu einem gestärkten Selbstbewusstsein des Teams und des Pflegedienstleiters. Jetzt konnten auch interne Konflikte mit dem Vorstand und der Kirchengemeinde besser gelöst werden.

Unangenehme Patienten

Immer wieder wurden in den Supervisionen schwierige Patienten vorgestellt, demente alte Männer, die mit sexuellen Anzüglichkeiten beim Katheterisieren die Schwestern belästigten, aggressive Verwandte, die ihre Schuldgefühle durch ungerechtfertigte Anschuldigungen gegen das Pflegepersonal abwehrten, narzisstische Patienten, die in ihrer Ohnmacht Pfleger und Schwestern wie Dienstboten behandelten, Patienten, die gegenüber ausländischen Pflegekräften Naziideologie erkennen ließen, ehemalige Kriminelle, Migranten mit

Anspruchshaltung, Patienten, die durch Bestechung eine Sonderbehandlung erwirken wollten, und viele andere mehr. In den Supervisionen zeigte sich allmählich, dass bei den Pflegekräften die Abgrenzungsfähigkeit zugenommen hatte, insbesondere nachdem einige offenbar begonnen hatten, eine Psychotherapie zu beginnen. Speziell bei den Themen sexueller Missbrauch, Essstörung und Gewalterfahrung hatte ich immer wieder darauf hingewiesen, dass persönliche Details nicht in einer Supervision, sondern nur in einer Therapie zu bearbeiten seien.

Resümee

Nach drei Jahren Supervision hat sich einiges geändert. Paranoide Vorstellungen von einem Komplott zwischen Leitung und mächtigen Patienten oder Interessengruppen wie im Fall 1 traten nicht mehr auf. Während das Team anfangs das Bild einer paranoiden Abhängigkeitsgruppe (Bion 1961) bot, gab es nach drei Jahren auch noch immer wieder heftige Teamkonflikte, aber die gegenseitige Toleranz war gestiegen. Die Bereitschaft, Grenzen zu beachten, hatte sich verbessert und Supervision wurde nicht mehr als Selbsterfahrung missverstanden. Es wuchs eine Gruppenkultur, die darin bestand, eigene Erfahrungen einzubringen, ohne sich zu exhibitionieren. Tabuisierte Regungen gegenüber Patienten konnten besser zugelassen und bearbeitet werden, der Umgangston wurde entspannter, vernichtende und gehässige Angriffe schwanden allmählich und die Toleranz gegenüber den Mängeln der – weitgehend ehrenamtlich arbeitenden – Leitungsebene wuchs.

Diskussion

Die Supervision mit einem Team umfasst vier unterschiedliche Ebenen,
➢ den *Fall*, d. h. die Beziehung zwischen einem konkreten Patienten und den konkreten Mitarbeitern,
➢ die *Vorgeschichte* der einzelnen Mitarbeiters,
➢ die *Beziehungen* im Team und
➢ die *Institution*, in deren Rahmen Arbeits- und Rollenbeziehungen gelebt werden.

In der Supervision können Wirkungen von Team und Institution als Widerstände und in Form von Arbeitsstörungen auftreten. Wenngleich oft nicht ausdrücklich eine Team-Supervision gewünscht wird, so ist es doch eine Erfahrung, dass ein produktives Arbeiten am Fall erst dann möglich ist, wenn Störungen im Kontext von Mitarbeitern und Institution zumindest ansatzweise bearbeitet worden sind. Nach Shapiro (1991) ist dies besonders schwierig, wenn die Störung der Patienten mit der institutionellen Abwehrstruktur der Institution konform ist und eine chronifizierte Arbeits-, Beziehungs- und Empathiestörung im Hinblick auf das, was abgewehrt werden muss, vorliegt. In solchen Fällen bleiben latente kollektive Tabus und Konflikte der bewussten Wahrnehmung entzogen.

Die Konfrontation mit Sterben und Tod und die unlösbaren existenziellen Konflikte der Sterbenden und ihrer Angehörigen führen zu zugespitzten Verhaltensweisen gegenüber dem Pflegepersonal, für die eine Abgrenzung notwendig ist, um arbeitsfähig zu bleiben. Diese jedoch kollidierte in diesem Pflegeverein mit einem altruistisch geprägten christlichen Ideal der Selbstaufopferung und führten zu einem verstärkten Empathiestress und dem permanenten Gefühl, nicht zu genügen, d.h. zu versagen. Solche emotionalen Situationen führten offenbar bei manchen Mitarbeitern zu einem Wiederaufleben eigener alter Traumatisierungen und Konflikte, was an der Tendenz deutlich wurde, aus der Fallsupervision eine »wilde« Selbsterfahrung zu machen. Das Gefühl des eigenen Versagens wurde auch durch eine Anklagehaltung gegenüber der Leitung abgewehrt. Ohnmachtsgefühle, Entwertungen und Autodestruktion traten als projektive Abwehrarrangements des Teams in Erscheinung. Die Fallauswahl war auch ein Indikator für den inneren Zustand des Teams und stellte eine Verbindung zum Unbewussten des Teams her.

Paranoide Elemente einer vorgeblichen Bedrohung durch machtvolle Personen von außen nahmen ab. Es wurde unbewusst allmählich weniger eine Beziehungsstruktur re-inszeniert, die als »Spiegelphänomen« nach Kutter (1990) oder als Reinszenierung im Sinne Argelanders (1970) bekannt ist. Die Interventionen mussten helfen, das Team arbeitsfähig zu machen, eine starke Regression verhindern und die Orientierung auf die realen Arbeitsaufgaben richten. Hierzu war es auch notwendig, professionelle Selbstwertkonflikte des Teams zu bearbeiten und die vorhandenen Kompetenzen zu unterstützen. Es darf aus einer Supervision keinesfalls eine verkappte Selbsterfahrungsgruppe werden. Kompromittierende Streitthemen sollten möglichst strukturell verstanden werden. Auf die Gefahr, dass re-inszenierte Konflikte der Patienten zu Privatfehden zwischen den Mitarbeitern führen können, muss wiederholt hingewiesen werden. Das Team bzw. Teamkonflikte sollten nur dann zum Thema werden, wenn die Arbeitsfähigkeit durch innere Konflikte gefährdet ist. Bei Deutungen sollte der Supervisor vor allem in der Anfangsphase berücksichtigen, dass die Mitarbeiter noch keine Erfahrung mit psychoanalytischer Supervision haben. Hier gilt es auch – wie bei persönlichen Analysen – von der Oberfläche in die Tiefe zu deuten. Zu tiefe Deutungen werden nicht verstanden und führen lediglich zu Kränkungen. Bei einem regressiven Team ist das Prinzip Antwort (Heigl-Evers u. Heigl 1988) sinnvoller als das Prinzip Deutung. Hierbei bietet sich der Supervisor mit seinen Empfindungen als Hilfs-Ich an.

Wichtig sind auch wiederholte Erklärungen des Supervisors, was mit der Supervision erreicht werden soll. Rückfragen des Supervisors können hilfreich zur Klärung der Realität sein. Sein aktives Eingreifen ist auch notwendig, wenn durch die unbewusste Dynamik die Arbeitsfähigkeit der Gruppe gefährdet ist. Vertraulichkeit muss ebenso selbstverständlich werden wie die Einrichtung einer Binnengrenze.

Fazit für die Praxis

Im Umgang mit unheilbar Kranken und Sterbenden kommt es zu heftigen Übertragungs- und Gegenübertragungsreaktionen. Die Übertragung der Patienten in einer existenziellen Grenzsituation überfordert oft die Verarbeitungskapazität des Einzelnen, des Teams und der Institution mit der Folge vermeintlich unlösbarer Arbeitsstörungen, Burn-out-Symptome, destruktiver kollegialer Konflikte und Institutionsverdrossenheit. Eine psychoanalytische Supervision hilft, solche destruktiven Abwehrmuster zu hinterfragen und zu bearbeiten.

Die Einrichtung von Hospizen und Palliativpflegeinstitutionen ist in Deutschland ein relativ junges Unterfangen. Der Professionalisierungsgrad ist oft noch gering, das Pflegepersonal ist für diese Aufgabe nicht immer gut ausgebildet. Es besteht oft eine hohe Personalfluktuation und viele unausgebildete Kräfte mit heterogener soziokultureller Herkunft arbeiten mit. Deshalb kann ein Supervisor nicht vom selbstverständlichen Umgang mit Grenzen, wie in einem analytisch geschulten Team, ausgehen. Hier ist frühe Resignation genauso unangebracht wie die Angst, das »reine Gold der Analyse« (Freud

1919, 193) zu verlassen. Der Supervisor sollte sich bewusst darüber sein, dass neben der klassischen patientenzentrierten Sichtweise auch arbeits- und institutionsbezogene Konfliktpotenziale zu berücksichtigen sind. Dies ist besonders brisant bei einer Palliativpflegeeinrichtung, die sich im Intermediärraum von Medizin, Theologie, Philosophie und Krankenpflege befindet. Einer Institution kann eine offene Standortbestimmung helfen, wenn sie vielfach mit dem nachbarschaftlichen Nahbereich verwoben ist und mit existenziellen Fragen konfrontiert wird. Dieser konfliktreiche Intermediärraum kann andererseits auch Kreativität entfalten, die nötig ist, um professionelle Palliativpflege und Sterbebegleitung erfolgreich zu leisten.

Literatur

Argelander H (1970) Die szenische Funktion des Ichs und ihr Anteil an der Symptom- und Charakterbildung. Psyche 24: 325–345.
Freud S (1919) Wege der psychoanalytischen Therapie. GW 12, 183–194.
Bion W (1961) Erfahrungen in Gruppen. Frankfurt a.M. (Fischer).
Heigl-Evers A, Heigl F (1988) Zum Prinzip »Antwort« in der psychoanalytischen Therapie. In: Klussman R, Mertens W, Schwarz F (Hg) Aktuelle Themen der Psychoanalyse. Berlin (Springer).
Kutter P (1990) Das direkte und indirekte Spiegelphänomen. In: Pühl H (Hg) Handbuch der Supervision. Berlin (Marhold) 52–62.
Shapiro D (1991) Neurotische Stile. Göttingen (Vandenhoeck & Ruprecht).
Teising M (1992) Alt und lebensmüde. München, Basel (Reinhardt).
Wolf M (1995) Stellvertretende Deutung und stellvertretende Leitung. Funktionen und Kompetenzen des psychoanalytischen Teamsupervisors. In: Becker H (Hg) Psychoanalytische Teamsupervision. Göttingen (Vandenhoeck & Ruprecht).

Korrespondenzadresse:
Dr. med. Bertram von der Stein
Quettinghofstr. 10
50769 Köln
E-Mail: Dr.von.der.Stein@netciolgne.de

Christine Gräff, Maria L.
**Aus dem Tunnel
der Depression**
Ein Entwicklungsweg
mit Konzentrativer
Bewegungstherapie

edition ■psychosozial

2005 · 290 Seiten · Broschur
ISBN 978-3-89806-464-4

Rolf Haubl, Rudolf Heltzel,
Marita Barthel-Rösing (Hg.)
**Gruppenanalytische
Supervision und
Organisationsberatung**
Eine Einführung

edition ■psychosozial

2005 · 389 Seiten · Broschur
ISBN 978-3-89806-411-8

In diesem Buch berichten Therapeutin und Patientin gemeinsam über die Behandlung einer Depression mit der Konzentrativen Bewegungstherapie. Anhand von Protokollen und Tagebuchnotizen schildern Christine Gräff und ihre Patientin Maria L. einen therapeutischen Prozess, der aus dem Dunkel der Depression herausgeführt hat.

Erstmalig ist ein Therapieverlauf dokumentiert, der nicht in der Absicht einer späteren Veröffentlichung geschrieben wurde. Da der Leser sowohl am Erleben der Patientin als auch der Therapeutin teilnimmt, erhält er eine differenzierte Einsicht in beide Seiten. Die Erläuterungen von Christine Gräff geben zudem die Möglichkeit, am konkreten Fall den therapeutischen Prozess mitzuvollziehen.

In den letzten beiden Jahrzehnten haben GruppenanalytikerInnen neue Arbeitsfelder erschlossen, in denen sie Aufträge der Supervision und Organisationsberatung übernehmen. Zu diesem Zweck haben sie ihre Interventionstechniken, die ursprünglich psychotherapeutischen Anwendungen dienten, feldspezifisch weiter entwickelt.

Dieser Sammelband bietet einen doppelten Überblick: Zum einen werden Konzepte und Praxisfelder der Gruppenanalyse in ihrer außer-therapeutischen Anwendung vorgestellt. Zum anderen liefern praxisnahe Berichte einen Überblick über die Supervision und Beratung verschiedenster Organisationen wie Schulen, Kliniken, Kirchen, Unternehmen und politischen Parteien.

P⊞V
Psychosozial-Verlag

Goethestr. 29 · 35390 Gießen · Tel. 0641/9716903 · Fax 77742
bestellung@psychosozial-verlag.de
www.psychosozial-verlag.de

Teamübergreifende Supervision und Betreuung einer 74-jährigen Patientin in einem Pflegeheim

Doris Fastenbauer (Wien)

Zusammenfassung

Im vorliegenden Beitrag soll die multiprofessionelle Betreuung einer 74-jährigen Bewohnerin mit einer schizoaffektiven Psychose in einem Pflegeheim dargestellt werden, unterstützt und supervidiert durch eine im Haus angestellte Klinische Psychologin und Psychotherapeutin.

Stichworte: Multiprofessionelle Betreuung, Supervision, schizoaffektive Psychose, Suizidalität

Abstract: Comprehensive team supervision of the nursing staff and the care of a 74-year-old patient in a retirement home

This contribution demonstrates the professional care of the nursing staff of a 74-year-old patient with a schizoaffective psychosis in a retirement home. The nursing staff is supported and supervised by an in-house clinical psychologist and psychotherapist.

Key words: Comprehensive team supervision, supervision, schizoaffective psychosis, suicidal

Einleitung

Als leitende Psychologin arbeite ich 20 Stunden pro Woche im Pflegeheim, zusätzlich gibt es mehrere Psychologen, die zu Klinischen Psychologen ausgebildet werden. Gespräche mit Mitarbeitern und Supervision (einzeln und in der Gruppe) werden aber nur von mir durchgeführt.

Jeder Mitarbeiter (Pflege und alle anderen Berufsgruppen) kann kurzfristig bei mir einen Einzeltermin bekommen oder mich telefonisch oder per Email erreichen.

Vorgeschichte

Frau G., eine 74-jährige Patientin wohnt schon seit einigen Jahren im Pflegeheim, sie war bei der Aufnahme körperlich in guter Verfassung, auch kognitiv zeigte sie gute Ressourcen (MMSE = 28 Punkte). Sie war nach dem Tod des Ehemannes und nach einem Aufenthalt in einer Akutpsychiatrie auf Wunsch ihrer erwachsenen Kinder, die im Ausland leben, ins Pflegeheim übergesiedelt.

Frau G., als Einzelkind in einem kleinen österreichischen Dorf aufgewachsen, war 15 Jahre lang Arbeiterin in einer Fabrik, wo sie sich nicht wohlfühlte und Probleme mit ihren Kolleginnen hatte. Daher war sie anfangs sehr froh, als ihr Mann ins deutschsprachige Ausland ging, um dort zu arbeiten. Nach einem Jahr folgte sie ihrem Gatten mit dem gemeinsamen Sohn nach und arbeitete in derselben Fabrik wie dieser. Diese Arbeit war körperlich sehr anstrengend, sodass Frau G. beschloss, die Arbeit aufzugeben und Hausfrau zu sein. Einige Jahre später wurde die gemeinsame Tochter geboren.

Frau G. war mit dem Auslandsaufenthalt von Anfang an sehr unzufrieden. Sie fühlte sich am neuen Wohnort unglücklich und wollte wieder in ihre Heimat zurück, sie hatte sich dort nie eingelebt. Es fiel ihr auch schwer, soziale Kontakte außerhalb der Familie zu knüpfen. Die Ehe war schwierig, sie fühlte sich von ihrem Mann alleingelassen, sie war aber wegen der Kinder bei ihm geblieben.

Nach der Pensionierung ihres Mannes kehrten sie gemeinsam wieder in ihren österreichischen Heimatort zurück, wo sie ein Haus kauften. Fr. G. schmerzte es sehr, dass die beiden erwachsenen und verheirateten Kinder im Ausland geblieben waren. Auch nach der Rückkehr dürfte die Ehe weiter sehr schwierig gewesen sein. Mit den Kindern gab es regen telefonischen Kontakt, außerdem besuchten sie die Mutter mindestens zweimal jährlich.

Frau G. hatte schon bald nach ihrer Heirat psychiatrische Hilfe benötigt und ist seit vielen Jahren medikamentös eingestellt. Schon früh wurde eine schizoaffektive Psychose bzw. eine bipolare affektive Störung (vorwiegend mit depressiven Episoden und Suizidalität) diagnostiziert. Außerdem wurde sie mehrere Jahre psychotherapeutisch betreut. Zu dem Psychotherapeuten bestand später noch eine nicht aufgelöste Übertragungsproblematik, da sie nach der Rückkehr nach Österreich von einer Liebesbeziehung zu ihm fantasierte.

Nach dem Einzug ins Pflegeheim kam es zu depressiven Episoden. Frau G. litt außerdem an immer wieder auftretenden Kopfschmerzen, Schwindelanfällen und Durchfällen. Zusätzlich traten Einschlafstörungen auf, die durch ein ständiges Grübeln (Gedankenkreisen) bedingt waren. Tagsüber fühlte sie sich deshalb ständig müde und matt. Frau G. litt auch unter Problemen mit dem Kurzzeitgedächtnis, aber auch an Gedankenabreißen. Häufig weinte sie, fand sich nicht zurecht, fühlte sich unwohl und war teilweise desorientiert. Sie vergaß immer wieder Dinge, wie etwa, dass sie früher im Ausland gelebt hatte, ihre Gedanken »seien durcheinander«, sie könne sich auf nichts konzentrieren, außerdem könne sie nicht schlafen.

Schon bald nach der Aufnahme ins Pflegeheim habe ich ihr psychologische Gespräche angeboten, die aber von ihr abgelehnt wurden mit der Begründung, dass sie ohnehin keiner verstehe.

Dann schien sich die Situation zu beruhigen. Frau G. hatte sich langsam im Pflegeheim eingelebt und litt allmählich unter keinen stärkeren Beschwerden mehr. Sie äußerte damals auch keine Suizidgedanken.

Nach einer längeren beschwerdefreien Zeit von ungefähr 18 Monaten wurde sie kurz nach Weihnachten weinend im Bett aufgefunden. Sie meinte, nicht darüber reden zu können, was los sei, da es sich um eine Familienangelegenheit handle. Ich wurde als Psychologin über diese plötzliche Veränderung von Frau G. informiert. Sie glaubte, Besuch aus dem Ausland zu erhalten – am nächsten Tag meinte sie, dies sei ein Traum gewesen. In diesen Tagen klagte sie über starke Kopfschmerzen und darüber, nicht schlafen zu können. Trotz Umstellung der Medikation durch den Psychiater kam es zu keiner Besserung ihres Zustands. Zum ersten Mal äußerte sie, sterben zu wollen.

Als zuständige Psychologin und Psychotherapeutin beschloss ich in dieser Situation, Frau G. psychotherapeutische Gespräche anzubieten. Wir sprachen dabei auch über ihre Suizidfantasien.

Teamzusammenarbeit im Pflegeheim

Zu Beginn der aktuellen depressiven Episode bemerkten zunächst die Pflegepersonen eine vermehrte Unruhe bei der Bewohnerin. Da der Umgang mit psychiatrischen Patienten zu dieser Zeit für das Pflegepersonal noch schwierig und ungewohnt war, löste das Verhalten von Frau G. bei den verantwortlichen Betreuern massive Unsicherheit aus. Aus diesem Grund suchten die Betreuer das Gespräch mit mir als der hausinternen Psychologin (und Psychotherapeutin). Ich beschloss, neben der Supervision in Kleingruppen auch entlastende und beratende Einzelgespräche für das Pflegepersonal anzubieten. Diese intensiven Gespräche werden von der Pflege und den anderen Mitarbeitern gut angenommen, besonders da sie je nach Bedarf kurzfristig angesetzt werden können.

Im Rahmen dieser Gespräche wurde versucht, das Verhalten der Bewohnerin zu verstehen, aber es wurde auch über die Suizidgefahr gesprochen. Die Situation wurde von den Betreuern danach als weniger bedrohlich erlebt und konnte nun besser gehandhabt werden.

Im Laufe der Monate verschlechterte sich der Zustand der Patientin weiter. Frau G. hatte erwartet, dass ihre Kinder sie – wie jedes Jahr – eine Woche lang zu sich nach Hause einladen würden. Als nichts dergleichen geschah, sprach Frau G. die Betreuerinnen im Heim immer wieder darauf an. Aber auch die Betreuerinnen wussten nicht, dass die Kinder eine solche Einladung in diesem Jahr nicht planten, sie wussten auch nicht, dass dies jemals üblich war.

Frau G. äußerte im weiteren Verlauf gegenüber verschiedenen Pflegepersonen vermehrt Suizidgedanken. In dieser Zeit kam es zu einem intensiven interdisziplinären Austausch zwischen mir als Psychologin, den Pflegekräften und den Seniorenbetreuerinnen, die für die Aktivierung und Gruppenarbeit zuständig sind.

Die Patientin zeigte sich außerdem vermehrt desorientiert und verwirrt, sodass auch die Medikation umgestellt werden musste. Im Verlauf von weiteren drei Wochen verschlechterte sich die Stimmungslage von Frau G. weiter. Sie litt unter Schlafstörungen, Verwirrtheit und Zittern und es entwickelte sich ein depressiver Stupor.

Ich intensivierte die psychotherapeutischen Gespräche mit Frau G., wobei deutlich wurde, dass die Suizidgefahr sehr hoch war, da sie auch konkrete Suizidfantasien äußerte. Daraufhin besprach ich Vorsorgemaßnahmen mit den Pflegemitarbeiterinnen und allen anderen Betreuenden. Der Facharzt für Psychiatrie stellte die Medikation um und eine psychotherapeutische Behandlung wurde zweimal wöchentlich mit Frau G. vereinbart. Trotz intensivster Betreuung verschlechterte sich ihr psychischer Zustand jedoch immer mehr. Während einer Teamsitzung wurde nach Rücksprache mit dem zuständigen Arzt und mit Einverständnis der Patientin die Aufnahme in eine psychiatrische Station veranlasst.

Zehn Tage später kam Frau G. vom Psychiatrieaufenthalt zurück, sie wirkte sehr niedergeschlagen und meinte, es gehe ihr sehr schlecht. Ich wurde von der Pflege kontaktiert und koordinierte dann das weitere intensive Vorgehen mit allen Mitarbeitern und dem zuständigen Hausarzt. Frau G. äußerte auch jetzt immer wieder, nicht mehr leben zu wollen. Außerdem fühlte sie sich innerlich sehr unruhig. Trotz der Änderung der Medikation durch den Psychiater und trotz des engmaschigen Betreuungssystems (mit Psychotherapie und verschiedenen Gesprächs- und Beschäftigungsangeboten) sprach sie immer wieder von ihren Todeswünschen.

In einem Gespräch mit Frau G. erfuhren wir, dass der Verkauf des Hauses im Heimatort auf Wunsch der Kinder zur Disposition stand. In den weiteren Gesprächen erzählte Frau G., wie sehr sie unter dem geplanten Verkauf litt. Ihre Kinder seien nicht mehr am Haus interessiert. Als der Verkauf knapp bevorstand, machte die Patientin sich Sorgen, dass der Käufer vieles »geschenkt« bekomme. Daraufhin kontaktierte ich mit Zustimmung von Frau G. den Sohn telefonisch und vereinbarte mit ihm bei seinem nächsten Aufenthalt in Österreich ein gemeinsames Gespräch.

Dieses Gespräch war sehr wichtig. Mit dem Sohn konnten dann gemeinsam viele Ängste besprochen werden. Außerdem konnte Frau G. in Begleitung ihres Sohnes das Haus nochmals besuchen und für sie wichtige Gegenstände mitnehmen. Sie konnte sehen, dass die Kinder vieles für sich behalten und nicht alles verschenkt hatten, es blieben also noch viele Sachen in der Familie. Bei diesem Treffen stellte sich auch heraus, dass die Kinder planten, die Mutter wieder zu sich nach Hause einzuladen.

Seit dem Besuch des Sohnes geht es Frau G. etwas besser. Die intensive Betreuung wird aber aufrechterhalten.

Ausblick

Die Mitarbeit einer eigenständigen Klinischen Psychologin und Psychotherapeutin im Pflegeheim, die mit dem Pflegepersonal und den übrigen Betreuenden intensiv zusammenarbeitet, ermöglicht:
➢ eine bessere Betreuung für schwierige BewohnerInnen,
➢ eine Unterstützung und Entlastung des Betreuungsteams (im Sinne einer psychohygienischen Maßnahme),

➤ ein verbessertes Fehlermanagement, bei dem es darum geht, über Schwierigkeiten zu reden und davon zu lernen, und
➤ mehr Arbeitszufriedenheit für das betreuende Personal.

Korrespondenzadresse:
Dr. Doris Fastenbauer
Seilerstätte 10/1/2/6
A–1010 Wien
E-Mail: *dorisfastenbauer@aol.com*

Die Supervision von psychoanalytischen Behandlungen mit älteren Patienten – ein Erfahrungsbericht

Eike Hinze (Berlin)

Zusammenfassung

Die Bedeutung der Supervision in psychoanalytischen Behandlungen von älteren Patienten wird unterstrichen. Supervision wird umso wichtiger, je ausgeprägter Defizite in der Ausbildung die therapeutische Kompetenz des Therapeuten in diesen Therapien beeinträchtigen. Als Schwerpunkte der Supervisionsarbeit werden beschrieben: Übertragung/Gegenübertragung, zeitgeschichtlicher Kontext, Behandlungsziele und Indikation.

Stichworte: Supervision, ältere Patienten, Übertragung, Gegenübertragung, Behandlungsziel, Zeitgeschichte, Indikation

Abstract: Supervision of psychoanalytic therapy with elderly patients – a case study

The importance of supervision in psychoanalytic psychotherapy with elderly patients is emphasized. Supervision is more essential if there is a deficit in the therapist's training which endangers the competence of a psychotherapist. Crucial topics in supervision are: transference and countertransference, contemporary history, therapeutic aims and indication.

Key words: Supervision, elderly patients, transference, countertransference, therapeutic aims, contemporary history, indication.

Gedanken zur Supervision

Eine international zusammengesetzte Arbeitsgruppe von Psychoanalytikern hat sich seit einigen Jahren die Aufgabe gestellt, die klinische Arbeit von

Analytikern zu untersuchen und ihre unterschiedlichen, oft impliziten theoretischen Modelle zu ergründen. Im Rahmen dieser Arbeit wurde auch die Analyse eines 70-jährigen Mannes diskutiert, und zwar mit der größtmöglichen analytischen Sorgfalt. Während dieser Diskussion fiel mir auf, dass das Alter des Analysanden, auch in Relation zu dem des Analytikers, kein einziges Mal als ein den analytischen Prozess möglicherweise beeinflussender Faktor erwähnt wurde. Diese Beobachtung zeigt einmal mehr, wie unvertraut auch heute noch Analytiker mit den Besonderheiten der Behandlung von älteren Patienten sind. In den Ausbildungsgängen von Analytikern und psychoanalytisch orientierten Psychotherapeuten tauchen zwar heute Vorstellungen zur Behandlung von Älteren im Lehrplan auf. In den supervidierten Ausbildungstherapien werden solche Gesichtspunkte aber meist vernachlässigt. Um so wichtiger erscheint es daher, bereits niedergelassenen Kollegen eine Supervision ihrer Behandlungen älterer Patienten zu ermöglichen, zumal diese Fälle angesichts des demographischen Wandels in Zukunft einen größeren Platz in den psychotherapeutischen Praxen einnehmen werden.

Solche Supervisionen sowie Supervisionen von Erstuntersuchungen älterer Patienten in der psychoanalytischen Ausbildung bilden meinen Erfahrungshintergrund. Im Folgenden möchte ich einige Ergebnisse dieser Arbeit skizzieren, wobei ich aufgrund der relativ geringen Fallzahl keine Vollständigkeit bei der Darstellung des Problemspektrums für mich beanspruche, sondern eher impressionistisch vorgehen werde. Vier Bereiche scheinen mir für die Supervisionsarbeit von besonderer Bedeutung zu sein: das Übertragungs-Gegenübertragungsfeld, der zeitgeschichtliche Kontext, das Behandlungsziel und die Indikation.

Supervisionen sind komplexe intersubjektive Prozesse mit mindestens drei Beteiligten: dem Therapeuten, dem Patienten und dem Supervisor. Ein oft unbewusstes, durch vielfältige Projektionen, Introjektionen und Übertragungen verwickeltes Beziehungsgeflecht, das in einem fruchtbaren Supervisionsprozess kreativ vom Therapeuten und dem Supervisor sowohl didaktisch als auch therapeutisch genutzt werden kann, verbindet diese drei Protagonisten. Wird die Therapie eines älteren Patienten supervidiert, wäre es jedoch kontraproduktiv und falsch, einzig den Altersgesichtspunkt didaktisch in den Vordergrund zu stellen und darüber andere Gesichtspunkte zu vernachlässigen. In solchen Supervisionen sollten altersunabhängige Variablen des therapeutischen Prozesses ebenso berücksichtigt werden wie die durch das Alter des Patienten bedingten Besonderheiten. Erst in der Zusammenschau kann letzteren der ihnen in der Supervision gebührende Platz zugewiesen werden.

Übertragung und Gegenübertragung

Oft wird die Übertragung nicht mit der gleich großen Sorgfalt beachtet wie bei jüngeren Patienten. Stattdessen ist die Versuchung groß, den Beziehungsaspekt zu übersehen und sich mit der sog. äußeren Realität zu begnügen.

So sagte z. B. ein älterer Patient eine Stunde ab mit der Begründung, er müsse einem hilflosen alten Paar in seinem Haus helfen. Gleichzeitig kritisierte er seine Frau, sie sei dabei nicht hilfsbereit genug gewesen. Der Therapeut hatte Mühe, den darin versteckten Vorwurf ihm selbst gegenüber zu erleben.

In solchen Fällen ist es wichtig, mit den Supervisanden immer wieder die Schwierigkeiten zu besprechen, die es Therapeuten schwer machen, sich auf das Feld von Übertragung und Gegenübertragung in der Begegnung mit älteren Patienten einzulassen: sehr schnell können Ängste vor eigener Regression und eigener Übertragung alter Konfliktkonstellationen auf Patienten aktiviert werden, die aufgrund ihres Alters einladen, sie mit den Objekten der eigenen Kindheit zu identifizieren.

Die Tendenz, der Begegnung mit älteren Patienten eine intensive unbewusste Dynamik abzusprechen, zeigt sich auch in der folgenden Sequenz, die nicht einer Supervision entstammt, sondern einen Konflikt zwischen dem Psychotherapeuten und dem Gutachter im Richtlinienverfahren zeigt.

Eine über 60-jährige Patientin hatte ihr ganzes Leben im Schatten ihrer Zwillingsschwester verbracht, der sie sich in einer unbewussten Schuldverkettung verbunden fühlte. Hinter dem Dienst an ihrer Zwillingsschwester trat ihr eigenes Leben weitgehend zurück. Dieser Thematik war es zu verdanken, dass der Bericht des Therapeuten etwas farblos blieb, was den Gutachter zu einer heftigen Ablehnung des Antrags veranlasste. Auf die im folgenden Briefwechsel geäußerte Vermutung, er könne vielleicht die Rolle der ablehnenden Mutter eingenommen haben, ging er nicht ein. Erst ein Obergutachter konnte unter Berücksichtigung dieser interpersonalen Dynamik die indizierte Therapie befürworten. Auch hier zeigte sich, dass der in Therapien mit älteren Patienten unerfahrene Gutachter eine dynamisch-unbewusste Sichtweise vermied.

Der wohl wichtigste Aspekt der Supervision von solchen Therapien kann darin gesehen werden, die Übertragungs- und Gegenübertragungskonstellation zu klären und die Besonderheiten wie auch Fallstricke der Gegenübertragung in der Begegnung mit älteren Patienten immer wieder aufzuzeigen (Hinze 1987).

Zeitgeschichtlicher Kontext

Die älteren Patienten, die wir heute in Psychotherapien sehen, entstammen zum großen Teil der Generation der sogenannten Kriegskinder und haben diese Vergangenheit oft mit den Eltern der Therapeuten gemeinsam. All das, was im Diskurs der Therapeuten mit ihren Eltern und auch in ihrer Lehranalyse bzw. -therapie unausgesprochen und unbearbeitet blieb, mag in der Begegnung mit Patienten aus der Elterngeneration wieder eine bedrohliche Präsenz erhalten und den Therapeuten in seiner Empathie beeinträchtigen. Beim Therapeuten können dadurch heftige seelische Erschütterungen hervorgerufen werden und die Supervision wird dann ein Ort, an dem vertieft darüber gesprochen werden kann.

In der Supervision ist es auch wichtig, die Verständigungsschwierigkeiten zwischen den Generationen zu bearbeiten, die z.T. auf Unkenntnis oder mangelnder Information über die Lebenssituation der vorangegangenen Generation beruhen. Manchmal sind es die jeweils generationsspezifischen Abkürzungen, deren Assoziationshorizont sich dem jüngeren Therapeuten oft nicht spontan erschließt.

Behandlungsziel

In Behandlungen mit älteren Patienten ist es besonders wichtig, sich Vorstellungen über realistische Behandlungsziele zu machen. Die Patienten kommen zu uns mit einem Leben, das über Jahrzehnte oft neurotisch stark beeinträchtigt war. Hier lassen sich chronische Entwicklungen nicht einfach umkehren oder gar ungeschehen machen. Es geht dabei nicht darum, zwanghaft starre Therapieziele zu definieren. Aber Therapeut und Patient sollten über realistische Entwicklungsperspektiven, die sich im Laufe einer Behandlung auch ändern können, miteinander ins Gespräch kommen. Dies ist besonders evident in tiefenpsychologisch fundierten Psychotherapien. Aber auch in längerfristigen analytischen Psychotherapien sind solche Überlegungen unerlässlich – nicht nur, aber auch, um die Bewilligung der Therapie im Gutachterverfahren zu erreichen.

In einer tiefenpsychologisch fundierten Psychotherapie könnte eine derartige Perspektive z. B. darin bestehen, die Beziehung in einer lange bestehenden und konflikthaft gewordenen Ehe zu klären. Kann sich der Patient schließlich ein Verhältnis von Bindungs- und Autonomiestrebungen vorstellen, das ihm gemäß ist? Kann er auf diesem Wege Bilder und Phantasien darüber entwickeln, was er im Leben noch erreichen will?

Kurzzeittherapien und tiefenpsychologisch fundierte Psychotherapien stellen den weitaus größten Teil der Psychotherapien Älterer dar. Das liegt zum einen daran, dass nur ein kleinerer Anteil der Therapeuten die Fachkunde in analytischer Psychotherapie besitzt. Zum anderen trauen sich die meisten Therapeuten nicht an langfristige, eventuell auch höherfrequente Behandlungen heran. Das ist bedauerlich. Denn im Rahmen einer Kurzzeittherapie oder tiefenpsychologisch fundierten Psychotherapie stellt sich nicht selten heraus, dass eine Vertiefung des therapeutischen Prozesses im Rahmen einer längeren Therapie sinnvoll und der Patient auch dazu in der Lage wäre. Die Supervision kann die Gelegenheit bieten, hier Therapeuten zu mehr Mut einzuladen.

Indikation

Wie so oft in der Behandlung Älterer muss man hier zwischen Scylla und Charybdis navigieren. Auf der einen Seite steht die gewohnheitsmäßige, durch die psychoanalytische Tradition noch unterstützte Skepsis, alte Patienten überhaupt in Behandlung zu nehmen. Auf der anderen Seite besteht aber auch die Gefahr, unkritisch jeden alten Patienten, der sich an uns wendet, behandeln zu wollen. Dieser Gefahr sind besonders junge Kollegen ausgesetzt, die gerade beginnen, sich für Psychotherapien mit älteren Patienten zu interessieren, und die in ihrem anfänglichen Elan glauben, jedem leidenden alten Menschen helfen zu können. Es gibt jedoch chronifizierte Entwicklungen mit einem stärkeren sekundären Krankheitsgewinn, die nicht mehr beeinflussbar sind. Beide Einstellungen, übertriebene Skepsis und übertriebener Optimismus, hängen wieder mit den Fragen der Gegenübertragung und/oder auch der eigenen Übertragung auf den älteren Patienten zusammen. Die Bearbeitung dieser Fragen in einer Supervision kann die Sensibilität für altersspezifische Fragen verstärken.

Literatur

Hinze E (1987) Übertragung und Gegenübertragung in der psychoanalytischen Behandlung älterer Patienten. Psyche 41: 238–252.

Korrespondenzadresse:
Dr. med. Eike Hinze
Westendallee 99f
14052 Berlin
E-Mail: *e.f.hinze@t-online.de*

Supervision in der Altenarbeit: Zwischen Arbeit und Reflexion

Rolf D. Hirsch (Bonn)

»Man sagt, die Weisheit eines alten Menschen bestehe im resignierten Akzeptieren der eigenen Grenzen. Doch um sie akzeptieren zu können, muss man sie erkennen, muss man versuchen, ihnen einen Sinn zu verleihen. Ich bin nicht weise geworden. Die Grenzen kenne ich wohl, aber ich akzeptiere sie nicht. Ich gestehe meine Grenzen ein, aber nur, weil ich nicht anders kann.« (Bobbio 1997)

Zusammenfassung

Pflegekräfte in der Altenarbeit sind einer Vielzahl von körperlichen, psychischen und sozialen Beanspruchungen ausgesetzt. Personalmangel, Zeitdruck, schlechte Arbeitsbedingungen und Bezahlung fördern ein belastendes Arbeitsklima. Werden auch psychophysische Schutzmaßnahmen immer wieder gefordert, so gibt es kaum Supervision in Altenpflegeeinrichtungen. Supervision, ein Oberbegriff für unterschiedliche Vorgehensweisen, soll den Supervisanden die Arbeit erleichtern, Beziehungskonflikte verringern und zur Verbesserung der Lebensqualität der Pflegebedürftigen beitragen. Supervision steht im Spannungsfeld zwischen den unterschiedlichen Interessen der Supervisanden, der Träger der Einrichtungen und der Pflegebedürftigen. Eine Sonderrolle nehmen die Balintgruppen ein, die tiefenpsychologisch fundiert sind. Diese lernbare Beziehungsdiagnostik führt zu einem erweiterten Verständnis der Pflegebedürftigen und eröffnet neue und kreative Wege in der Beziehung zu ihnen.

Ist es auch unstrittig, dass psychohygienische Maßnahmen für Pflegekräfte für ihre Arbeit notwendig sind, so gibt es derzeit noch wenig Untersuchungen. Mitentscheidend für eine qualifizierte Supervision ist die Kompetenz des Supervisors. Allerdings reicht für eine wirkliche Verbesserung der Situation in Pflegeheimen die Supervision allein sicherlich nicht aus. Keinerlei arbeitshygienische Maßnahmen aber durchzuführen, wie dies derzeit geschieht, kann nicht weiter toleriert werden.

Stichworte: Supervision, Balintgruppe, Altenhilfe, Pflegeheim

Abstract: Supervision in caring for the elderly: Between work and reflection

Caretakers in elderly care have to face manifold physical, psychological and social strains. Staff shortage, pressure of time, bad working conditions and wages support a trying working environment. While psychophysical protective measures are constantly being demanded, e.g. supervision in nursing homes is barely existent. Supervision is a generic term for different approaches and is supposed to facilitate the work of those being supervised, to decrease relationship conflicts and to improve the quality of life for those in need of care. Supervision is faced with the conflict between the different interests of the supervised, the sponsors of the institution and those in need of care. Balint groups, who are founded in depth psychology, play a special role. These comprehensible relationship diagnostics lead to a further understanding of a person in need of care and establish new and creative ways in the relationship.

It is beyond dispute that psychohygienic measures for caretakers are necessary for their work; however, there are only a few studies on this. The competence of the supervisor is decisive for a qualified supervision, but supervision alone will not suffice to significantly improve the situation in nursing homes. The current situation, where no working measures are implemented, can no longer be tolerated.

Key words: Supervision, Balint group, caring for the elderly, nursing home

Einleitung

»Die Supervision gehört zur Altenarbeit, wie der Bleistift zum Schreiben eines Dienstplans!« Dies forderte 1987 ein Teilnehmer einer Arbeitsgruppe auf dem Kongress der Deutschen Gesellschaft für Gerontologie in München (Hirsch 1995). Das Echo war nicht einheitlich. Stimmte auch die Mehrzahl der Pflegekräfte dieser Forderung vehement zu, so gab es doch auch einige, die die Supervision für überflüssig und unnütz hielten oder sie als eine Art »psychische Selbstbefriedigung« bezeichneten. Nur Reden über Schwierigkeiten würde auch nichts ändern. Einige Heim- und Pflegedienstleiter führten an, dass hierfür kein Geld und keine Zeit vorhanden wären. Manche hatten auch eine negative Erfahrung gemacht. Auf Fragen, wie kritische Situationen bewältigt werden, hieß es »das regeln wir im Team«.

Auf solch unterschiedliche Einstellungen bin ich auch im Laufe der Jahre immer wieder gestoßen und ich frage mich: Hat sich in den letzten 20 Jahren nichts getan? Wir hören von *Überforderung, Ausbrennen, Mobbing* und *Ausbeutung* der Mitarbeiter. Wie wird diesem Problembereich begegnet? Wie werden *Leitlinien, Pflegestandards* und weitere qualitätssichernde Maßnahmen bei den derzeitigen Arbeitsbedingungen in Einrichtungen (in Pflegeheimen, Kliniken und ambulanten Diensten) umgesetzt? Wie wird der Fluktuation der Pflegekräfte, die eher zunimmt, als Zeichen einer objektiven Arbeitsunzufriedenheits-Variable entgegengewirkt? Wie steht es um die Supervision? Wird sie als »Luxus« betrachtet, als »Würde-Intervention« (»wir würden ja, aber ...«) oder als wertvolles, notwendiges und unabdingbares Arbeitsmittel?

Ausschnitte aus einer Balintgruppe

In einer Balintgruppe berichtet eine Altenpflegerin: »Mit einer Bewohnerin habe ich sehr große Schwierigkeiten, eigentlich auch die gesamte Gruppe, weil sie sehr unbeliebt ist. Sie sitzt im Rollstuhl, ist halbseitig gelähmt und hat den Drang, immer auf die Toilette zu müssen, praktisch im Abstand von 10 Minuten. Zudem will sie immer trinken. Sie muss dauernd auf die Toilette und das ist sehr ärgerlich. Ich rege mich darüber sehr auf. Ich versuche, sie irgendwie zu beschwichtigen und zu sagen, das ist jetzt nicht nötig, sie waren ja gerade, aber sie hört gar nicht zu. Was sie nicht hören will, hört sie einfach nicht, obwohl sie nicht schwerhörig ist. Damit komme ich nicht klar. Will sie mich nicht verstehen? Auch wenn ich meinen Namen sage, dann versteht sie den bewusst falsch. Ich kann den wiederholen, so oft ich will, aber sie wiederholt ihn dauernd falsch. Es macht mich dann so wütend.

Sie wirkt von ihrem ganzen Äußeren sehr unsympathisch und sehr ungepflegt, obwohl sie regelmäßig gewaschen bzw. geduscht wird. Sie hat sehr ungepflegtes Haar, will aber auch nicht zum Friseur gehen. Sie hat auch ganz hässliche Zähne; diese stehen so komisch im Mund. Sie ist wirklich nicht nett anzusehen. Ihre sehr aufdringliche Art macht mich sehr aggressiv. Sie ist auch bei den Mitbewohnern unbeliebt. Wenn Saft oder Sprudel ausgeteilt wird, will sie als Erste ein Glas haben. Dieses trinkt sie sofort aus und fordert dann ein weiteres.

Gestern war so eine ganz typische Situation. Der Zivi wollte sie zum Singen fahren. Sie wollte aber zuvor noch zur Toilette. Ich wollte ihr das zugestehen, der Zivi sagte aber nein, auf ihr Jammern fuhr ich sie doch erst zur Toilette. Mindestens 20 Minuten war ich nur mit ihr beschäftigt. Also, ich war wirklich fix und fertig. Über den Kollegen habe ich mich auch sehr geärgert. Ich wollte ihn noch ansprechen, hatte dann aber keine Zeit mehr. Später kam der Zivi auf mich zu und machte mir Vorwürfe. Zuvor hatten wir über die Bewohnerin gesprochen und gesagt, wir müssen da an einem Strang ziehen, sonst kommen wir gar nicht weiter. Das hat mich wirklich aufgeregt, und vor allen Dingen: ich war auch wirklich in dieser Situation total hilflos.«

Die Gefühle der Gruppenteilnehmer sind sehr unterschiedlich: Hass und Wut auf diese »ekelhafte« und abstoßend wirkende Bewohnerin, Ohnmachtsgefühle und Hilflosigkeit vor ihren Ansprüchen. Erinnerungen an ähnliche Bewohner werden geweckt. Die Gruppe lehnt diese »dreckige« und sehr anspruchsvolle Bewohnerin eher ab. Eine Teilnehmerin meint, sie hege Sympathie für diese Bewohnerin, da sie selbst später einmal so werden könne wie diese. Fantasiert wird nun, wie die Bewohnerin wohl früher mit ihrem Mann umgesprungen ist. Jetzt wolle sie ihre Macht ausspielen und bewirkt dadurch Ablehnung und Aggression, aber auch Hilflosigkeit. Kontakt bekommt sie überwiegend durch ihr stetes Drängen, zur Toilette zu müssen.

Schwierig ist für einige Gruppenteilnehmer, sich in die Bewohnerin einzufühlen. Was kann sie noch? Welche Kontrolle hat sie noch? Sie wird, ohne gefragt zu werden, zu Tätigkeiten gezwungen, weil sie ihr »gut tun«. Sie scheint »nie genug« zu bekommen, obwohl sie z. B. bei den Getränken mehr als alle anderen Bewohner erhält. Sie ist kaum zufriedenzustellen. Sie erlangt viel Zuwendung, doch keine freundliche oder positive, sondern aggressive und vorwurfsvolle.

Eine Wendung kommt in das Gruppengespräch, als erarbeitet wird, wie sehr sie wohl selbst voll von Hass, Wut und Enttäuschung sei. Wie diese Gefühle mit ihrer Lebensgeschichte zusammenhängen, ist nicht zu erfahren. In der Gruppe beginnt ein Umdenken. Vorschläge kommen, sie doch einmal in den Arm zu nehmen oder ihr Zeit für kurze Gespräche zu geben. Eine Teilnehmerin sagt: »Ich nehme doch auch manche Bewohnerinnen in den Arm, die dreckig sind«. In der Reflexion zeigt sich, dass dafür Zeit vorhanden ist, da sie diese sowieso durch ihre Anspruchlichkeit erpresst. Sie bekommt viel Zuwendung, die aber nie ausreicht, sondern sie scheinbar zu immer neuen Forderungen antreibt. Sie bringt Unruhe in das Heim, damit dort, wie eine Teilnehmerin meint, sich »überhaupt etwas rührt«. Plötzlich fällt der Referentin ein, dass diese Bewohnerin bei Spaziergängen, aber auch bei einer Schifffahrt einmal wie ausgewechselt war. Sie war freundlich und unterhielt sich angeregt mit den anderen. »Ich habe mich mit ihr die ganze Zeit unterhalten«, berichtet sie zur Verblüffung der Gruppenteilnehmer. »Ich will leben und nicht tot sein«, ist ein spontaner Gedanke.

»Vielleicht ist das Heim für diese Frau so ein halber Friedhof, und um zu zeigen, dass sie noch nicht tot ist, ist sie so umtriebig«, ist ein weiterer Einfall. Diesem Gedanken wird im weiteren Verlauf der Sitzung nachgegangen. Neue praktische Möglichkeiten zum Umgang mit ihr werden erarbeitet. Die Vielfältigkeit der Vorschläge, die in der Gruppe weiter ausgemalt werden, führt zu einer großen Lebendigkeit. Ohnmachtsgefühle und Hilflosigkeit am Anfang der Gruppe, die diese zeitweilig lähmten, hatten sich im Laufe der Sitzung in Lebendigkeit, Kreativität und Interesse an der Bewohnerin gewandelt. Der Abschlussgedanke war: »Gott sei Dank gibt es noch Alte, die nicht tot sind!«

Situation

Die Situation der Altenheime und Altenpflegeheime hat sich in den letzten Jahrzehnten erheblich verändert. Den Typ *Altenheim* gibt es kaum noch. Dafür hat die Anzahl der Pflegeheime erheblich zugenommen, ein Trend, der noch weiter geht. Das Eintrittsalter liegt bei über 80 Jahren. Der größte Teil der Bewohner leidet unter mehreren schweren Erkrankungen und ist pflegebedürftig. Bei ca. 70–80% der Pflegeheimbewohner bestehen psychische Störungen (Hirsch & Kastner 2004), ca. 2/3 haben ein demenzielles Syndrom (als Erstdiagnose). Neue Wohnformen im Alter (Wohngruppen, Hausgemeinschaften u.a.), insbesondere Wohngruppen für Menschen mit Demenz, gibt es zunehmend häufiger, sie sind derzeit aber immer noch wenig verbreitet.

In Alteneinrichtungen gibt es zahlreiche Konfliktfelder, die sich schon im Spannungsfeld *Arbeitnehmer* (z.B. Forderung nach Selbst- und Mitbestimmung, ganzheitlichen Tätigkeiten, Würdigung der Arbeit) und *Arbeitgeber* (z.B. Forderung nach Unterordnung, Orientierung an Organisationszielen, Gewinnerzielung) ergeben. Des weiteren sind Arbeitnehmer im sozialen Netz des Heims mehr oder weniger verstrickt:

➤ mit den Bewohnern,
➤ mit den Angehörigen und Bekannten des Bewohners,
➤ mit anderen Professionellen (Arzt, Seelsorger, rechtlicher Betreuer),
➤ mit den anderen Mitarbeitern,
➤ mit den Vorgesetzten und
➤ »anonym« mit den Einrichtungsinhabern oder Trägern.

Hinzu kommen außerinstitutionelle Beziehungen, z. B. mit Vertretern der eigenen Berufsgruppe. Nicht unerheblich ist zudem noch der Einfluss von Vorschriften, Leitlinien, Regeln und Ideologien der Träger der Einrichtungen. Alle diese Faktoren wirken sich mehr oder weniger stark auf die Mitarbeiter aus und verändern sie im Laufe der Zeit.

Die Arbeit in Alteneinrichtungen ist nicht nur wegen der zunehmenden Beanspruchung durch die Bewohner erheblich schwieriger geworden, hinzu kommen auch Personalabbau und der massive Ausbau büro- und technokratischer Methoden zur Kontrolle sowie negative Schlagzeilen in den Medien. Phänomene wie *Burnout* und *Mobbing* werden häufiger beklagt. Leitungskräfte klagen über negative Entwicklungen bei der Arbeitssituation von Pflegekräften (Barthelme & Zimber 2002): nachteiligen Arbeitsverträgen, belastenden Arbeitszeitregelungen und am häufigsten über unzureichende bedarfsgerechte Fortbildungsangebote.

Folgen der Beanspruchung in der Altenpflege sind (Zimber et al. 1999)
➤ arbeitsbezogen:
  ➤ emotionale Erschöpfung,
  ➤ Mangel an Arbeitsmotivation,
  ➤ Arbeitsunzufriedenheit und
  ➤ Aversion gegen bewohnerreaktives Abschirmen.
➤ gesundheitlich:
  ➤ körperliche Erkrankungen,
  ➤ schlechter subjektiver Gesundheitszustand,
  ➤ somatische Symptome,
  ➤ Müdigkeit/Schlafstörungen und
  ➤ depressive Symptome.

Fluktuation, Berufswechsel und Arbeitsunfähigkeit der Mitarbeiter unterstreichen, wie kritisch die Situation in Pflegeheimen ist. Bekannt ist auch, dass Heim- und Pflegedienstleiter immer häufiger den Arbeitsplatz wechseln oder ganz aussteigen.

Im Umgang mit Pflegebedürftigen wird potenziell nicht nur die körperliche, sondern auch die psychosoziale Gesundheit gefährdet. Gerade der Umgang mit Menschen, die unter psychischen Störungen leiden und pflegebedürftig sind, kann zu einer »*emotionalen Infektion*« führen, Deshalb bedarf es ausreichender Abwehrkräfte zur Stützung des psychophysischen Gleichgewichts. Verantwortlich hierfür ist nicht zuletzt der Arbeitgeber, der diesbezügliche Mittel zur Verfügung stellen sollte. Wie im handwerklichen Betrieb sollte es Schutzmaßnahmen zur Verhütung von Unfällen auch für die Arbeit im Pflegeheim geben.

Beziehungsfelder

Die Arbeit von Helfern geschieht in Beziehungen, die von inneren und äußeren Faktoren beeinflusst werden. In einem Pflegeheim treten jüngere Helfer mit alten pflegebedürftigen Menschen in eine Beziehung, die von Angehörigen, Nachbarn, Bekannten, Mitarbeitern, Vorgesetzten und Trägern der Einrichtungen positiv und negativ beeinflusst wird. In Institutionen wird die Beziehung auch durch Macht und Ohnmacht mitgeprägt. Außerdem ist die Beziehung zwischen altem Bewohner und jungem Mitarbeiter asymmetrisch. Spannungen können in dieser Beziehung besonders dann auftreten, wenn unterschiedliche Wert-, Rollen- und Normvorstellungen vorliegen und die Beteiligten aus unterschiedlichen Milieus stammen.

> ➤ Ältere als schwache hilfsbedürftige Eltern (Symptome, Verhalten als Altersvariable)
> ➤ Ältere als asexuelle Wesen erwünscht (Vorstellungen über eigene Sexualität im Alter)
> ➤ Rache- und Revanchegelüste sowie Schuldgefühle ausagieren
> ➤ eigene Ängste vor Altern, Alter, Abhängigkeit, Pflegebedürftigkeit, Krankheit, Isolation, Sterben und Tod (»Gerontophobie«)
> ➤ projektive Identifikation und starker regressiver Sog
> ➤ Aktivierung von unbewussten Wünschen und Fantasien nach »idealen, verwöhnenden Eltern«
> ➤ Teilidentifizierung mit Kindern und Enkelkindern von Patienten (vorübergehende Angst, Distanz, Wut und Versteinerung)

> ➤ Erleben von intensiven Hass- und Verliebtheitsgefühlen von alten Patienten (»Wer will schon von den Eltern gehasst werden? Wer will sich von einer alten Frau/einem alten Mann lieben lassen?«)
> ➤ gewünschtes Bild der »weisen« alten Frau/des »weisen« alten Mannes
> ➤ Norm- und Gesetzgeber (hinsichtlich der Zielvorstellungen und des Behandlungsrahmens der Psychotherapie; in Bezug auf Verhaltensweisen in der Öffentlichkeit, Aktivitäten und Interessen, sexuelle Bedürfnisse, Umgang mit Geld, Kindern und Enkelkindern)
> ➤ Beeinflussung der Gegenübertragung durch Multimorbidität und Chronizität des Patienten

Tab. 1: Eigene Schwierigkeiten und Gegenübertragungsaspekte bei jüngeren Therapeuten (Hirsch 1997)

Schwierigkeiten der Helfer in der Beziehung zu alten Menschen können auch im Sinne der Gegenübertragung aus deren Gefühlswelt stammen (Tab. 1). Es bedarf hoher Sensibilität, sich in die Bedürfnisse und Wünsche alter Menschen einzufühlen und sie zudem nicht nur als *gebrechlich* zu erleben, sondern als lebendige, willensfähige und einmalige Menschen. Heimbewohner bedürfen einer besonderen Unterstützung und Förderung, da sie dem Heim, das immer noch Zeichen einer *totalen Institution* (Goffmann 1961) hat, mehr oder weniger ausgeliefert sind. Totale Institutionen haben eigene, von der Außenwelt abgeschottete Regeln und schränken die personelle Freiheit ein.

In dieser Konfliktsituation sind die Mitarbeiter daher auf die besondere Unterstützung der Vorgesetzten, der Träger und der Gesellschaft angewiesen.

Untersuchungen zur Supervision

Aussagen über die Häufigkeit und Intensität von Supervision in Alteneinrichtungen sind sehr spärlich. Im Ersten Altenbericht der Bundesregierung (BMFuS 1993) sind von allen Fortbildungsangeboten (N= 1422) lediglich 1,3% der Kategorie »Supervision« zuzuordnen. In einer gerontopsychiatrischen Versorgungsregion mit 19 Heimen wurde lediglich in einem Heim

Supervision durchgeführt und auch da »seltener als einmal im Quartal« (Wolter-Henseler 1996). In einer weiteren Untersuchung, die sich auf nervenärztlich versorgte Heime (N= 37) bezog, wurde Supervision nur in 38% der untersuchten Heime durchgeführt, überwiegend ohne eine festgelegte Frequenz (Hirsch & Kastner 2004).

Eine explorative Multicenterstudie in der Schweiz legten Müller et al. (2005) vor. Sie unterschieden zwischen »Nutzer« (ausgefüllte Fragebogen, N= 155) und »Nicht-Nutzer« (Beilagebogen, N= 244). Von den »Nicht-Nutzern« hatten 79,7% keine Supervision und 12,7% keine mehr (7,5% keine Angaben).

Die Ergebnisse einer Untersuchung der Österreichischen Vereinigung für Supervision (2004) zeigen, dass 73% der Befragten aus 112 oberösterreichischen Alten- und Pflegeheimen in den letzten drei Jahren keine Supervision erhielten, dagegen hatten 82% der Befragten aus mobilen Altenbetreuungsorganisationen Supervision.

Der Stellenwert der Supervision wird von MitarbeiterInnen der Alteneinrichtungen und deren Trägern unterschiedlich bewertet. Leider liegen hierzu wenig empirische Belege vor. Ein entscheidender Faktor scheint die *Feld- und Fachkompetenz* der Supervisoren zu sein (Müller et al. 2005). Carrier (1994, 1996) berichtet Befragungsergebnisse von Supervisanden aus 6 Heimen mit insgesamt 14 Supervisionsgruppen: 60% der Befragten erlebten die Supervision als Bereicherung und 78% als Arbeitsunterstützung. Die Zusammenarbeit mit den Kollegen und Vorgesetzten habe sich ebenso wie der Umgang mit den Bewohnern deutlich verbessert.

Aus einer Untersuchung (Muthny & Bermejo 1999) geht hervor, dass mehr als die Hälfte der Mitarbeiter psychosoziale Fortbildungen sehr sinnvoll finden und eine regelmäßige Supervision wünschen. Ein Ergebnis der Multicenterstudie (Müller et al. 2005) ist, dass von den 155 Einrichtungen, in denen Supervision stattfand, der teambezogene Nutzen (jeweils »hoch« und »mittel«) von 75,5% der Antwortenden angegeben wird, der patientenbezogene von 67,7%, der eigene berufliche Nutzen von 78% und der persönliche von 80,7%. Vorerfahrungen mit der Supervision wurden nur zu 58% als positiv bewertet.

Ergebnisse zu Balintgruppen wurden von Hirsch (1992) berichtet. Ausgewertet wurden 56 Fragebögen. Auf die Frage, ob die Gruppe den Teilnehmern:

➤ persönlich »etwas gebracht« habe, antworteten 95% mit »ja« oder »eher ja«, 5% mit »eher nein« und

➤ ob es für die Arbeit »etwas gebracht hat« antworteten 86% mit »ja« oder »eher ja«, 4% mit »eher nein«.

Die Möglichkeit, das in der Gruppe erworbene Wissen am Arbeitsplatz anwenden zu können, schätzten 6% mit »sehr hoch«, 68% mit »hoch« und 26% mit »nicht sehr hoch« ein.

Zudem gibt es zahlreiche Untersuchungen über die Effizienz von Balintgruppen, wenige aber über deren Anwendung in Pflegeeinrichtungen (Kempe & Lindner). Die österreichische Untersuchung (ÖVS 2004) in Alten- und Pflegeheimen ergab, dass 43% derjenigen, die Erfahrungen mit Supervision hatten, diese für sehr wichtig und unverzichtbar hielten, 44% für teilweise hilfreich, und 13% hatten eher schlechte Erfahrungen gemacht. Als Gründe für das Fehlen einer Supervision wurden neben Knappheit finanzieller Ressourcen die mangelhafte Information des Pflegepersonals über vorhandene Supervisionsangebote und schlechte Erfahrungen mit unprofessionellen Supervisoren genannt. Dagegen hielten 75% der in Altenbetreuungsorganisationen Tätigen die Supervision für sehr wichtig oder unverzichtbar, 20% für teilweise hilfreich und nur 5% hatten schlechte Erfahrungen gemacht.

Sehr positiv klingen die qualitativen Untersuchungsergebnisse zur Supervision (Sprung-Ostermann 1994, Lechner 1999). Aus diesen geht sehr differenziert hervor, was Supervision zu leisten vermag. So wird beschrieben, dass Konfliktlösungsfähigkeit, Kompetenzerweiterung, gemeinsames Arbeitsverständnis u. a. durch die Supervision verbessert wurden.

Aus den bisher sehr spärlichen, methodisch sehr unterschiedlich qualifizierten und wenig das Gesamtfeld erfassenden Untersuchungen ergibt sich ein vielgestaltiges Bild. So gibt es Skeptiker, die mit Supervision schlechte Erfahrungen gemacht haben, und – in der Mehrzahl – vehemente Befürworter. Heilbrunner (ÖVS 2004) brachte deren Aussage auf den Punkt: »Um den permanenten Anforderungen des Berufsalltags gewachsen zu sein, brauchen die MitarbeiterInnen der Altenbetreuung begleitende Beratung und Unterstützung. Sie brauchen und fordern Supervision«. Konsens dürfte sein, dass die Arbeit im Altenheim mit hohen und persönlich sehr anstrengenden körperlichen und psychischen Belastungen für die Mitarbeiter einhergeht, sodass diese einer psychohygienischen Unterstützung bedürfen.

Vielfalt der Supervisionsmethoden

Der größte Teil der Fortbildungsmaßnahmen bezieht sich auf die Vermittlung von kognitivem Wissen. Da die Arbeit im Heim Beziehungsarbeit ist, bedarf es zusätzlich emotionalen Wissens. Die Vermittlung von emotionalem Wissen kommt nicht nur in der Aus- und Weiterbildung, sondern auch in der Fortbildung zu kurz. Natürlich reicht es nicht aus, nur emotional einfühlsam zu sein. Ohne emotionale Kompetenz, die auch erworben werden kann, ist Wissen aber nur eingeschränkt positiv wirksam. Es reicht nicht aus, zu wissen, was, warum und wie man etwas tut. Es ist auch notwendig zu reflektieren, was man tun soll, kann und muss, d.h. ethische Aspekte gehören zum Handeln in Beziehungen hinzu. Nur so kommt es zu einer Gesamtheit von Handlungsweisen, die von Respekt, Würde und Anstand geprägt sind.

Ein entscheidendes Mittel hierzu ist die Supervision. Obwohl es diesen vielfältig gebrauchte Begriff schon Jahrzehnte gibt, ist er oft negativ besetzt. Verbunden wird mit ihm z.B. *Kontrolle, Arbeitsanweisung, Überwachung* oder *Fehlersuche*. Der Begriff Supervision kann auch jede Art von Kontrolle (z.B. Klinikvisite, Überprüfung durch den MDK) bezeichnen, er wird in psychosozialen Handlungsfeldern jedoch deutlich eingeschränkt angewandt: Supervision ist »allgemein die professionelle Begleitung bei der Reflexion beruflichen Handelns sowie von Arbeitsbeziehungen« (Bolen & Luif 2000). Manche sprechen daher lieber über Fallbesprechung oder Teamberatung. Als allgemeines Ziel wird formuliert, »die Arbeit der Ratsuchenden (Supervisanden) zu verbessern. Damit sind sowohl die Arbeitsergebnisse als auch die Arbeitsbeziehungen zu Kollegen und Kunden wie auch organisatorische Zusammenhänge gemeint« (Belardi 2005). Supervision hat die vorrangige Aufgabe, »die im modernen Arbeitsleben immer häufiger auftretende schwierige Kommunikation und Beziehungsgestaltung zu verbessern« (Belardi 2005). Reflexionsebenen sind:

➤ Kundenebene (Klienten, Patienten, Pflegeheimbewohner),

➤ Mitarbeiterebene (Selbstthematisierung, Selbstreflexion) und

➤ Organisationsebene (Organisationsreflexion und Organisationsinnovation).

Supervision kann im Einzel- oder Mehrpersonensetting stattfinden. Einzelsupervision von Führungskräften wird als *Coaching* bezeichnet. Mehrpersonensupervision kann in Gruppensupervision (mehrere Angehörige einer oder mehrerer Berufsgruppen) und Team-Supervision (zusammenarbeitende Arbeitsgruppe aus einem organisatorischen System oder Teilsystem, z. B. Station, Wohngruppe) unterteilt werden. Daneben gibt es noch Supervisionsformen im Rahmen einer Aus-, Fort- oder Weiterbildung (z. B. für Psychotherapeuten) oder Intervision bzw. kollegiale Supervision (gegenseitige Supervision in einer Gruppe von fachkompetenten TeilnehmerInnen).

Die Balint-Gruppenarbeit ist eine spezifische Form der tiefenpsychologisch fundierten Supervision für Professionelle, die anfangs für Ärzte eingeführt wurde, dann aber auch für pädagogische und psychosoziale Berufsgruppen angewandt wird. Eine Sonderrolle nimmt hierbei die »gerontologische Balintgruppe« ein (Hirsch 2002), deren Teilnehmer aus allen Berufsgruppen stammen, die alte Menschen behandeln oder pflegen. Von Organisations- und Institutionssupervision bzw. Organisationsberatung und -entwicklung spricht man dann, wenn Aufgaben und Struktur der *gesamten* Institution reflektiert werden sollen.

Supervision basiert auf unterschiedlichen psychotherapeutischen Verfahren (Belardi 2005):

➤ Psychoanalyse,
➤ systemische Beratung,
➤ Gruppendynamik,
➤ Gesprächspsychotherapie,
➤ Gestalttherapie,
➤ Psychodrama,
➤ themenzentrierte Interaktion und
➤ Verhaltenstherapie.

Wenn die Arbeit in der Supervision aus einem therapeutischen Blickwinkel sich nur auf die Helfer-Hilfesuchender-Beziehung konzentriert und komplexe Zusammenhänge der Institution auf leichter durchschaubare individuelle Beziehungen reduziert werden (Möller 2003), kommt die Reflexion der beruflichen Aufgaben und der Arbeitsprozesse zu kurz.

Nicht zu unterschätzen ist die Bedeutung der Person und der Ausbildung des Supervisors. Eine psychotherapeutische Aus- oder Weiterbildung kann ebenso wie sein Grundberuf (z. B. Arzt, Psychologe, Sozialarbeiter, Pädagoge, Fachkranken/-altenpfleger) nur ein Teil der Kompetenz Supervisors sein. Die Berufsausbildung des Supervisors an Hochschulen oder berufsbegleitend kann zwar für eine allgemeine Supervisorentätigkeit qualifizieren, doch bedarf es für die Supervision in der Altenarbeit neben der Kenntnis des Arbeitsfeldes und dessen Organisation zumindest Grundlagenwissen in der Gerontologie, Reflexionserfahrung über das eigene Alter und Altwerden sowie über die asymmetrische Beziehung des alten hilfsbedürftigen Menschen zum jungen Helfer.

Supervision in der Altenpflege: Was hat sich bewährt?

Aufgrund der doch sehr spärlichen Untersuchungen zur Supervision in der Altenhilfe, ist es schwer, eine der Supervisionsformen als »die beste« zu bezeichnen. »Es fehlt noch weitestgehend an Qualitätskriterien, die durch empirische Forschung abgesichert sind, und weitgehend an Kriterien, die durch explizite und theoretisch konsistente – möglichst schulenübergreifende – Konzeptbildung gestützt wird« (Petzold 1996). Vermutlich ist es auch müßig, nach der besten Methode zu suchen. Entscheidend ist, dass der Arbeitsauftrag von den Supervisanden und von der betreffenden Institution vom Supervisor kompetent und einfühlsam erfüllt wird und er hierzu auch qualifiziert ist. Er wird als kreativer und einfühlsamer Mediator gebraucht, der vielfältige, oft verknotete oder verhärtete Handlungsweisen reflektiert, bündelt und zielorientiert bearbeitet. Er muss ohne moralische Vorurteile und Besserwisserei die Tätigkeit der Supervisanden achten und sie in ihrem Tun wahrnehmen.

Vorbereitung der Supervision

Wie aus der österreichischen Untersuchung (ÖVS 2004) hervorgeht, wissen viele in der Altenarbeit Tätige nicht, was Supervision ist und welche Möglichkeiten sie eröffnen kann. In den Altenpflegelehrplänen sollte bereits auf Supervision eingegangen und sogar »Juniorengruppen« (ähnlich den Junioren-Balintgruppen für Medizinstudenten) gebildet werden. Vor Beginn einer Supervision ist es von großem Wert, eine Informationsveranstaltung mit Diskussionsmöglichkeit durchzuführen und ein entsprechendes *Handout* zur Verfügung zu stellen. Eine überhöhte Anspruchserwartung eines Supervisors wäre hier fehlplatziert. Häufig geht es erst darum, Ängste vor Neuem zu verringern, gegenseitiges Vertrauen zu schaffen und Neugierde zu wecken.

Meine ersten Erfahrungen mit Supervision machte ich durch ein Angebot von Balintgruppen in einem Altenheim. Schon bald wurde klar, dass die Mitarbeiter mit dieser Methode völlig überfordert waren und der psychologisierenden Reflexion von Medizin und Pflege skeptisch gegenüberstanden. Es war für sie sehr schwer, Fantasien einzubringen, eigene Vorurteile anzusprechen und sich auf einen primär nicht handlungsorientierten Prozess einzulassen. Da eine Balintgruppe von Mitarbeitern in der Altenpflege als zu theoretisch und unsachlich empfunden wurde, bot ich diese Form der Supervision nicht mehr Institutionen an. Seither orientierte ich mich mehr an den Bedürfnissen der Gruppenteilnehmer. Mein Eindruck war, dass die in der Altenpflege Tätigen ein sehr großes Bedürfnis nach konkreter Unterstützung, Verständnis und praktischer Hilfe haben. Hierfür ist die Balintmethode nur bedingt geeignet.

Balintgruppen haben sich aber in der institutionsübergreifenden Arbeit bewährt. Vor Beginn der Balintgruppe kläre ich in Einführungsveranstaltungen die Teilnehmer über die tiefenpsychologische Sichtweise und über diese Form der Beziehungsarbeit auf. Sehr gute Erfahrungen mache ich mit Balintgruppen-Wochenend-Seminaren, deren Intensität und Effizienz manchmal sehr erstaunlich ist. Darüber hinaus leitete ich über ein Jahr als Forschungsmethode eine Balintgruppe, fokussiert auf die Reflexion von Aggression und Gewalt in der Altenpflege (Kranich u. Hirsch 2002a, b), in der das ganze dazugehörige Beziehungsspektrum sehr deutlich wahrnehmbar wurde. Die Ergebnisse sind sowohl für das Verstehen als auch für den praktischen Umgang mit Aggression und Gewalt sowie für die Möglichkeiten, Verhalten und Einstellung zu verändern, sehr beeindruckend.

Mehrdimensionale Teamberatung

Nicht zu unterschätzen ist der große Wissensbedarf, den die in der Altenpflege Tätigen haben; es geht um Wissen über Krankheitsbilder, deren Behandlung und Pflege sowie über den Umgang mit psychisch Kranken und deren Angehörigen. Ich habe daher schon früh begonnen, eine sog. mehrdimensionale Teamberatung anzubieten (Hirsch 2002) mit
➤ Theorie zu gerontopsychiatrischen Krankheitsbildern,
➤ Falldemonstrationen,
➤ Beziehungsdiagnostik und Gesamtdiagnose und mit der
➤ praktische Erarbeitung von Handlungsstrategien.

In einer Gruppensitzung können die vier Abschnitte sehr strukturiert durchgeführt werden. Im Laufe der Zeit wird bei den Teilnehmern durch diese Arbeitsform nicht nur kognitives, sondern auch emotionales und handlungsorientiertes Wissen vermehrt. Mir scheint, dass diese Form der Supervision den Bedürfnissen der Mitarbeiter und der Institution insgesamt am ehesten gerecht wird.

Besonders wichtig ist mir bei Supervisionen gleich welcher Form, dass jeder geschilderte Bewohner als Individuum wahrgenommen und erlebt wird. Dann kommen auch »verfahrene« Situationen »in Bewegung«. Eine geglückte Supervision erkennt man daran, dass die Gruppenteilnehmer lebendiger, kreativer und konstruktiver werden und der vorgestellte Bewohner *wahrgenommen* und *interessant* wird. So hat er eine neue Chance, seine Lebensqualität zu verbessern und die Mitarbeiter zu beflügeln, ihr Tun konstruktiv zu hinterfragen.

Balintgruppe – ein Königsweg?

Bei ausreichenden Vorkenntnissen und bei entsprechender Motivation halte ich die Balintgruppe für die kreativste und einsichtsförderndste Form, personenorientierte Beziehungsarbeit zu lernen sowie eigene Vorurteile zu erkennen und zu reflektieren. Zudem können emanzipatorische Sicht- und Handlungsweisen erarbeitet und gelebt werden. Diese Position ist natürlich subjektiv, beruht aber auf meiner langjährigen Arbeit und berücksichtigt Einschränkungen, die jeder machen muss, der authentisch bleiben will. Viele Mitarbeiter sind, wenn nur eine unzureichende Qualifikation vorliegt, mit einer Balintgruppe jedoch überfordert oder ausgelaugt durch den »täglichen Wahnsinn«. Sie ist in der Altenpflege deshalb sicherlich nicht »das Mittel erster Wahl«. Voraussetzung, um davon profitieren zu können, ist ein vermehrtes emotionales Wissen.

In der Balintgruppe (»Training durch Forschungs-Seminare«) wird zunächst eine neue Sicht- und Zugangsweise zu Hilfesuchenden (Pflegebedürftigen) erlernt. Dies führt anfangs zur Verunsicherung bisheriger Einstellungen und Handlungsweisen. In einer ›Gesamtdiagnose‹ wird Neues mit Altem verbunden (Hirsch 2002). So wird aus einer rigiden ›Defektdiagnose‹ eine ›Beziehungskonfliktdiagnose‹. Die Beziehungsdiagnostik findet nach Bauriedel (1085) auf vier Ebenen statt. Es geht um:

➤ die intrapsychische Konfliktsituation des Hilfe Suchenden,
➤ die intrapsychische Dynamik der Beziehung des Hilfe-Suchenden zu seiner Umgebung (Partner, Familie, Pflegeheim),
➤ die Diagnostik der Beziehung zwischen Helfer und Hilfe-Suchendem und
➤ das Verständnis der Beziehungen zwischen den Gruppenteilnehmern untereinander und zum Gruppenleiter.

Wenn man nach der Behandlung der besprochenen Patienten fragt, werden grundsätzlich Pharmaka genannt, nicht aber die Helfer. Die Balintarbeit ist sehr geeignet, das Medikament »Helfer« auf Dosierung, Wirkung und Nebenwirkung zu überprüfen und Alternativen zu finden (Balint 1980). Gefördert wird Fantasie, Kreativität, Verringerung von Vorurteilen, Förderung von Konfliktbearbeitung und Vermehrung des Gestaltungsspielraums. Unterstützt wird dieser Prozess z. B. durch die Einbeziehung bildnerischen Gestaltens (Hirsch 2002). Die Balintarbeit führt zu einer emanzipatorischen Haltung und verringert die Gefahr, nur noch zu »funktionieren«.

Ohne Supervision keine Qualität?

Die Anforderungen und Beanspruchungen von Mitarbeitern in Alteneinrichtungen sind unbestritten sehr hoch. Sie werden mit vielfältigen Situationen konfrontiert, für deren Bewältigung sie nicht vorbereitet und ausgebildet sind. Hinzukommen die immer mehr steigenden Anforderungen an die Qualität und Effizienz der Einrichtungen, die auch in den neuen Heimgesetzen gesetzlich verankert wurden. Leitlinien, Qualitätsstandards und vielfältige Kontrollen sollen bewirken, dass Heime alten pflegebedürftigen Menschen ein Leben und Wohnen in Würde garantieren können. Dies soll in einer Zeit der knappen Ressourcen geschehen, verbunden mit Personalabbau, weiterer Ausdehnung von büro- und technokratischen Arbeiten und zunehmender Verwischung von Verantwortlichkeiten. Wer kümmert sich dabei um die Pflegenden?

Zwischen den Bedürfnissen der Pflegebedürftigen, den Interessen der Träger von Einrichtungen und der Gesellschaft stehen die Pflegekräfte. Sie müssen nicht nur mit den z. T. völlig unzureichenden Arbeitsmitteln zurechtkommen, sondern auch mit ihren eigenen Scham-, Schuld- und Angstgefühlen, die ihnen niemand abnimmt. Sie fühlen sich für vieles verantwortlich und schuldig, für das sie nur z. T. verantwortlich sind, und haben geringes Ansehen in unserer Gesellschaft. Tauchen Pflegemängel auf, wird selten die Institution, vielmehr werden die Pflegekräfte dafür zur Rechenschaft gezogen. Es wird dann von einer »gefährlichen Pflege« gesprochen. Berichte des Medizinischen Dienstes der Pflegekassen zeigen, dass Pflegemängel keine Einzelfälle sind.

Zu all diesen Gegebenheiten kommt hinzu, dass Pflegekräfte keine oder kaum Zeit zur Reflexion ihres Denkens, Fühlens und Handelns haben. In der Ausbildung werden sie auf kritische Beziehungssituationen und auf den Umgang mit chronischer Überbelastung nicht vorbereitet. In der Praxis besteht hierfür keine Zeit. Von der Leitung von Heimen wird hierzu auch selten eine Notwendigkeit gesehen, vielmehr wird hier viel über Milieugestaltung für Pflegebedürftige, jedoch nicht über Unterstützung von Pflegekräften gesprochen.

Arbeitshygienische Maßnahmen, wie sie in der Wirtschaft üblich sind, gibt es im Heimbereich wenig. Sie wären wünschenswert, heißt es, aber wer könnte sie finanzieren! So arbeiten Pflegekräfte Tag für Tag unter inhumanen Arbeitsbedingungen. Sie verausgaben sich, resignieren oder scheiden aus, da sie sich Veränderungen ihrer Arbeitssituation nicht mehr vorstellen können. Nur wenige haben die Kraft, sich zu wehren. Wer dies tut, wird oft als ›Nestbeschmutzer‹, auch von den eigenen Kollegen, bezeichnet. Die Berufsverbände sind nicht in der Lage, sich nachhaltig Gehör zu verschaffen – zu groß sind die Barrieren.

Keiner bestreitet, dass Pflegekräfte hohen physischen, psychischen und sozialen Arbeitsbelastungen ausgesetzt sind. Doch diese zu verringern, psychohygienische Unterstützung zu geben, entsprechende Arbeitsmittel einzusetzen und notwendige strukturelle Veränderungen zu schaffen, ist bisher nur ansatzweise gelungen. Möglichkeiten zur Reflexion des Handelns, Fragen zu Beziehungskonflikten u. a. bestehen kaum. Es ist daher nicht erstaunlich, dass Supervision in Pflegeheimen selten stattfindet. Sie ist zur Beliebigkeit degradiert, obwohl sie notwendiger ist als viele PCs! Nur in Einrichtungen, in denen die Leitung ›guten Willens‹ ist, gibt es Supervision. In manchen Einrichtungen hat Supervision leider aber eher eine Alibifunktion (»Wir tun doch etwas!«). Diese Situation hat sich seit 20 Jahren nicht wesentlich verändert.

Ohne gesetzliche Verankerung wird sich auch in Zukunft kaum etwas ändern. Allerdings gibt es derzeit kaum Belege dafür, dass durch Supervision sich die Situation für Pflegekräfte und Pflegebedürftige wirklich ändern würde. In einer Einrichtung müsste der Wille bestehen, Supervisionsergebnisse zu nutzen. Sicherlich reicht Supervision nicht allein aus, um für Pflegekräfte eine humane Arbeitsplatzsituation zu erreichen. Die Einrichtung von Supervisionsmöglichkeiten wäre aber ein Anfang dazu.

Ohne kontinuierliche Supervision sind Mitarbeiter nicht in der Lage, qualitätsorientierte, beziehungs- und persönlichkeitsorientierte Arbeit zu leisten. Voraussetzung hierfür sind allerdings weitere Maßnahmen, wie die Bereitstellung notwendiger Arbeitsmittel, ausreichendes und qualifiziertes Personal, ein ansprechendes Wohnmilieu für die Bewohner und eine entsprechende Bezahlung der Mitarbeiter. Leider wird das Potenzial an Gleichgültigkeit, Trägheit und Verrohung institutionell und gesellschaftlich eher gefördert. Erkenntnisse aus Supervisionen werden aus unterschiedlichen Gründen (z. B. Personalmangel, Desinteresse von Vorgesetzten oder Trägern, Angst der Institution vor Veränderungen) oft nicht umgesetzt. Andererseits bedarf es ausgebildeter und professionell arbeitender Supervisoren, die das Arbeitsfeld der Supervisanden kennen und auch über gerontologisches Wissen verfügen. Hier besteht eine Bringschuld der Ausbildungsinstitute für Supervisoren. Will man mehr Supervision fordern, so sollten die Erfolge durch empirische Forschung nachvollziehbar sein. Noch fehlen anerkannte Qualitäts-, Transparenz- und Effizienzmerkmale.

Dennoch ist Supervision in der Altenhilfe ein Arbeitsmittel, dessen Stellenwert nicht hoch genug eingeschätzt werden kann. Sie hilft Institutionen, sich von starren Mustern lösen und überkommene hierarchische Strukturen in emanzipatorische zu wandeln. Das Interesse am Menschen, seinen Beziehungen, seinem Drang nach Selbstbestimmung und nach Würde kann eine Institution so verändern, dass Lebensqualität für alle keine Utopie mehr ist. Notwendig dabei ist, dass Supervision in der Altenhilfe wie in psychotherapeutischen Einrichtungen ein fester integraler Bestandteil und nicht als Fremdkörper empfunden wird. Die Worte eine Pflegeheimmitarbeiters stimmen nachdenklich: »Wenn wir soweit wären, dass wir uns trauen, eine Supervision zu machen, dann wäre das schon ein großer Schritt«.

Literatur

Balint M (1980) Der Arzt, sein Patient und die Krankheit. 5. Aufl. Stuttgart (Klett-Cotta).
Barthelme G, Zimber A (2002) Die Arbeitssituation des Pflegepersonals in ambulanten und stationären Pflegeeinrichtungen: Ausgewählte Ergebnisse einer bundesweiten Befragung. In:

Klie Th, Bulh A, Entzian H, Schmidt R (Hg) Das Pflegewesen und die Pflegebedürftigen. Frankfurt a.M. (Mabuse) 331–341.

Bauriedl Th (1999) Leben in Beziehungen. 3. Aufl. Freiburg (Herder).

Baurield Th (1985) Psychoanalyse ohne Couch. München (Urban & Schwarzenberg).

Belardi N (2005) Supervision. München (Beck).

Bobbio N (1997) Vom Alter – De senectute. Berlin (Wagenbach).

Bolen I, Luif I (2000) Supervision. In: Stumm G, Pritz A (Hg) Wörterbuch der Psychotherapie. Wien (Springer) 680.

Bundesministerium für Familie und Senioren (1993) Erster Altenbericht. Drucksache 12/5897. Bonn (Bonner Universitäts-Buchdruckerei).

Carrier M (1994) Supervision erhöht Arbeitsqualität. Altenheim 10: 712–717.

Carrier M (1996) Teamsupervision in Alten- und Pflegeheimen. Kassel (Unveröff. Manuskript).

Goffmann E (1961) Asyle. Frankfurt a.M. (Suhrkamp).

Hirsch RD (1992) Balint-Gruppenarbeit in der Altenhilfe. Thema 69. Köln (Kuratorium Deutsche Altershilfe).

Hirsch RD (1995) Supervision und Balintgruppe. In: Jovic N, Uchtenhagen A (Hg) Psychotherapie und Altern. Zürich (Fachverlag AG) 332–244.

Hirsch RD (1997) Übertragung und Gegenübertragung in der Psychotherapie mit alten Menschen. In: Wenglein E (Hg) Das dritte Lebensalter. Psychodynamik und Psychotherapie mit älteren Menschen. Göttingen (Vandenhoeck & Ruprecht) 68–94.

Hirsch RD (2002) Supervision, Teamberatung, Balintgruppe. 2. Aufl. München (Reinhardt).

Hirsch RD, Kastner U (2004) Heimbewohner mit psychischen Störungen – Expertise. Köln (Kuratorium Deutsche Altershilfe).

Kranich M, Hirsch RD (2002a) Fokus der Balintgruppe: Aggression und Gewalt in der Altenpflege. In: Hirsch RD (Hg) Supervision, Teamberatung, Balintgruppe. Reinhardt (München) 226–234.

Kranich M, Hirsch RD (2002b) Niederschrift einer Balintgruppe, In: Hirsch RD (Hg) Supervision, Teamberatung, Balintgruppe. Reinhardt (München) 255–272.

Lechner F (1999) Supervision – ein notwendiges Arbeitsinstrument für die komplexen Anforderungen in der (ambulanten) Altenpflege. Kassel (unveröff. Diplomarbeit).

Möller H (2003) Was ist gute Supervision? Stuttgart (Klett-Cotta).

Müller L, Petzold HG, Schreiter-Gasser U (2005) Supervision im Feld der klinischen und sozialgerontologischen Altenarbeit. In: Petzold HG, Müller L (Hg) Supervision in der Altenarbeit, Pflege & Gerontotherapie. Paderborn (Junfermann) 181–213.

Muthny FA, Bermejo I (1999) In: Zimber A, Weyerer S (Hg) Arbeitsbelastung in der Altenpflege. Göttingen (Verlag für angewandte Psychologie) 262–269.

Österreichische Vereinigung für Supervision (2004) AltenbetreuerInnen brauchen Hilfe durch Supervision. office@oevs.org.at (aufgesucht: 21.06.2008).

Petzold H (1996) Die normierende Kraft der Leitbilder und Qualitätsstandards – ein Diskussionsbeitrag. Deutsche Gesellschaft für Supervision aktuell (2), 23–28.

Sprung-Ostermann B (1994) Erfassung und Untersuchung von Supervision in Institutionen der ambulanten Versorgung (Sozialstation) von psychisch/körperlichen Alterskranken. In: Sprung-Ostermann B, Radebold H (Hg) Untersuchungen zur Supervision im Altenbereich. Köln (Kuratorium Deutsche Altershilfe) 10–131.

Zimber A, Albrecht A, Weyerer S (1999) Arbeitsbedingungen und Arbeitsbelastungen in der stationären Altenpflege: Auswirkungen der Pflegeversicherung. In: Zimber A, Weyerer S (Hg) Arbeitsbelastung in der Altenpflege. Göttingen (Verlag für angewandte Psychologie) 185–199.

Korrespondenzadresse:
Professor Dr. Dr. Rolf Dieter Hirsch
Abteilung für Gerontopsychiatrie und Gerontopsychiatrisches Zentrum
Rheinische Kliniken Bonn
Kaiser-Karl-Ring 20
53111 Bonn
E-Mail: *r. d. hirsch@t-online.de*

Trauern um demenziell erkrankte Menschen

Kirsten Aner[1] (Kassel)

Zusammenfassung

Ausgehend von der allgemeinen Notwendigkeit von Ritualen der Trauer wird die besondere Notwendigkeit solcher Rituale beim Tod hochgradig demenziell erkrankter Menschen begründet. Anhand eines Fallbeispiels wird ein Trauerritual vorgestellt, das angesichts des *sozialen Todes* vor dem *biologischen* nicht mehr auf das Auslösen von Trauerprozessen, sondern auf das Stiften von Erinnerung zielt.

Stichworte: Demenz, sozialer Tod, Norm des guten Sterbens, Trauerrituale, ›Trauerkiste‹

Abstract: Grieving for people suffering from dementia

Based on the general necessity of grieving rituals, the particular necessity of such rituals is justified when a person suffering severely from dementia dies. By means of a case study, a grieving ritual will be presented which, due to the social death before the biological one, aims at endowing memories instead of initiating grieving processes.

Key words: Dementia, social death, norm of good dying, grieving rituals

Zur Notwendigkeit von Ritualen der Trauer

Viele Versuche, die Notwendigkeit von Trauerritualen und die destruktive Wirkung ihrer Unterlassung zu begründen, knüpften in der jüngsten Vergangenheit an Elias' Ausführungen »Über die Einsamkeit des Sterbenden in

---

1 Mein Dank für wichtige Anregungen zu diesem Beitrag gilt Nicole Richard (Institut für Integrative Validation) und Stefan Dreßke (Universität Kassel).

unseren Tagen« an. »Niemals zuvor in der Geschichte der Menschheit wurden Sterbende so hygienisch aus der Sicht der Lebenden hinter die Kulissen des gesellschaftlichen Lebens fortgeschafft; niemals zuvor wurden menschliche Leichen so geruchlos und mit solcher technischen Perfektion aus dem Sterbezimmer ins Grab expediert.« (Elias 1982, 38)

Elias beschreibt damit, wie sich das Verhältnis zum Tod in den modernen Gesellschaften gegenüber früheren Epochen verändert hat. Gleichwohl blieb der Tod im alltäglichen Leben der Menschen immer präsent (vgl. Prahl u. Schroeter 1996, 209ff.). Heute – mehr als zwei Jahrzehnte nach seiner Formulierung – scheint zumindest der zweite Teil des Elias-Zitats aus soziologischer wie aus gerontologischer und pflegewissenschaftlicher Perspektive aktualisierungs- und interpretationsbedürftig (Göckenjan 2008). Auch dort, wo in »Zimmern« von Institutionen wie Krankenhäusern, Alten- und Pflegeheimen gestorben wird, ist die Auseinandersetzung mit Tod und Trauer um einiges vorangekommen. Der am deutlichsten sichtbare Ausdruck der Beschäftigung mit einem menschenwürdigen Abschied vom Leben ist wohl die Hospizbewegung. Doch auch in der geriatrischen Medizin wird um eine Balance zwischen dem Recht auf und der Pflicht zur Behandlung gerungen, die sich an den PatientInnen orientiert (Kojer 2002, Steinhagen-Thiessen et al. 2003).

Im Feld der Altenpflege wird der angemessene Umgang mit Sterben, Tod und Trauer ebenfalls seit längerer Zeit thematisiert. Er findet Eingang in die Curricula einschlägiger Ausbildungen und in die Angehörigenarbeit (Terno 2001, Metz et al. 2002, Wilkening 2000, 2003). Ansätze der Hospizbewegung erweitern die institutionelle Kultur der stationären Altenhilfe (Heller et al. 2003).

Die von Elias beobachtete »technische Perfektion« spielt gleichwohl noch immer eine große und ambivalente Rolle. Denn die Möglichkeit, Sterbebegleitung und Trauerarbeit an Experten wie Ärzte und ausgebildetes Pflegepersonal abgeben zu können, wirft die Frage nach einem für alle Beteiligten produktiven Verhältnis zwischen individueller Trauer, institutionellen Zwängen und professionellem Handeln auf. Bedarf es ohnehin erheblicher Anstrengungen, um die Interaktionen zwischen Pflegenden, Gepflegten und Angehörigen fruchtbar zu gestalten, gilt dies für Krisensituationen wie den Tod eines Angehörigen bzw. eines Bewoners der Einrichtung umso mehr. In vielen Einrichtungen der Altenpflege sind Rituale der Trauer um verstorbene BewohnerInnen deshalb heute selbstverständlich. Diese ritualisierten Handlungen stellen einen ordnenden Rahmen in einer emotional zunächst chaotischen Situation her. Zwar mag die Betroffenheit der Angehörigen, der MitbewohnerInnen und des Personals der Einrichtung sehr unterschiedlich sein und die Trauer sehr individuell verlaufen, immer ist jedoch mit einem Schockzustand angesichts des Todes zu rechnen. Dieser geht häufig mit einem vorübergehenden Zusammenbruch der seelischen Organisation einher, der manchmal zu eher stoischen Reaktionen führt.[2] Nicht selten weichen Trauernde den bedrohlichen Gefühlen lange Zeit aus, kontrollieren sich zwanghaft, statt ihren Gefühlen freien Lauf zu lassen. In der Konsequenz kann notwendige Trauerarbeit zumindest vorübergehend nicht geleistet werden. Dann werden die Rituale wichtig, um den Trauerprozess auszulösen und/oder Rückzugstendenzen entgegenzuwirken. Sie tragen auf diese Weise wesentlich dazu bei, die Aufgaben der Trauer zu bewältigen – Strukturierung des Gefühlchaos, Anerkennung der Realität, Ausdrücken unakzeptabler Gefühle und Wünsche, Bewertung des Verlusts und Inkorporation des Verstorbenen, Entscheidung zum Leben und Neuorientierung (Howe 1992).

Die Bedeutung von Trauerritualen kann gerade für ältere Menschen nicht hoch genug eingeschätzt werden. Schließlich müssen Ältere oft von Menschen Abschied nehmen, mit denen sie über Jahrzehnte verbunden waren. In dieser ohnehin nicht einfachen Situation stehen alte Menschen nun vor der Aufgabe, sich noch einmal neu zu orientieren. Sie sehen sich dabei jedoch mit besonderen Schwierigkeiten konfrontiert. Denn ihnen steht nur noch eine begrenzte Lebenszeit zur Verfügung, die oft mit eigener Hilfs- oder Pflegebedürftigkeit einhergeht. Unterstützende Netzwerke aus der eigenen Generation sind bereits lückenhaft. Zugleich empfinden viele Hinterbliebene angesichts des Todes von Angehörigen auch Erleichterung – gerade in Fällen, die eine lange Zeit belastender Krankheit und Pflege beenden. Aus dieser Empfindung erwachsen oft Schuldgefühle, die den Trauerprozess erheblich stören oder ihn ins Pathologische abgleiten lassen können. Sind die Hinterbliebenen selbst in einer Institution der Altenpflege untergebracht, kann dies die Probleme verschärfen. Zur Ohnmacht gegenüber dem Tod gesellt sich die Abhängigkeit vom Pflegepersonal. Missverständnisse bis hin zur Entwicklung eines Gewaltpotenzials sind eine mögliche Folge.

---

2 Auch in der mit dem Begriff der »Kontrolle« bezeichneten darauffolgenden Trauerphase kann mitnichten von seelischer Stabilität der Trauernden gesprochen werden, ebensowenig wie in den Phasen der »Regression« und »Adaptation«.

Nicht zuletzt sind Rituale geeignet, Trauernden angemessen Hilfe zu leisten, weil sie Interaktionen initiieren und so anderen Beteiligten eine Orientierung ermöglichen, in welchem seelischen Zustand sich der Trauende befindet. Dadurch vermögen Rituale potenziellen HelferInnen über ihre Unsicherheit hinwegzuhelfen. Sie bieten einen Handlungsrahmen, in dem auf die Trauernden zugegangen werden kann. Nicht zu vergessen ist, dass auch für die Experten der Tod der von ihnen Begleiteten mit Belastungen einhergeht. Insbesondere Pflegekräfte müssen und wollen auch trauern, wenn sie mit dem Tod von Pflegebedürftigen konfrontiert werden. Je nach Verweildauer und Konzeption der Einrichtung sind diese Professionellen zu dem verstorbenen dementen Menschen eine Beziehung auf Zeit eingegangen. Insbesondere dann, wenn sie die Verstorbenen über eine lange Zeit und nicht nur in der Sterbephase pflegten, haben sie zu den Gepflegten oft eine persönliche Beziehung aufgebaut – ob gewollt oder ungewollt, bewusst oder unbewusst.

Zur besonderen Notwendigkeit von Ritualen der Trauer beim Tod demenziell erkrankter Menschen

All das, was für die Trauer und ihre Bearbeitung allgemein gilt, hat selbstverständlich auch in der Auseinandersetzung mit dem Tod eines demenziell erkrankten Menschen Gewicht. Während aber das Trauern und seine Rituale allgemein seit Jahrhunderten aus den verschiedensten weltanschaulichen und disziplinären Perspektiven thematisiert und erforscht wurde, ist speziell das Trauern um demenziell Erkrankte ein bisher weitgehend unerforschtes Feld. Schließlich gerieten demenzielle Erkrankungen erst im Zuge der steigenden Lebenserwartung und der damit verbundenen quantitativen Zunahme in den Blick der Gesellschaft, der Geriatrie und der institutionalisierten Pflege. Noch in den 1990er Jahren war das Thema *Demenz* selbst in den interdisziplinären gerontologischen Studientexten nicht zu finden (Baltes et al. 1994). Das notwendige Umdenken, dass in der Pflege und Begleitung Demenzkranker das Gefühl des Wohlbefindens Voraussetzung und Ausgangspunkt von Pflegemaßnahmen und nicht erst deren Ergebnis ist, steht auch in der Praxis noch am Anfang (Entzian 2002, 181).

Allerdings werden im Bereich der stationären Altenpflege durchaus innovative Konzepte der Beziehungspflege mit demenziell erkrankten Menschen erprobt, doch sind diese noch zu jung, um umfassend evaluiert und theoretisch fundiert zu sein.[3] Als ein gemeinsamer Nenner dieser Konzepte kann der Versuch einer Relativierung des ›sozialen Todes‹ von hochgradig dementen Menschen – verstanden als »Abschneiden der Menschen von ihrer Alltagswelt« (Prahl u. Schroeter 1996, 209) angesehen werden. Dennoch betrachten gerontologische Standardwerke die Themen ›Demenz‹ und ›Sterben und Trauern‹ bislang getrennt (Wahl u. Tesch-Römer 2000), und der Versuch ihrer systematischen Verknüpfung ist im deutschsprachigen Raum bisher überwiegend eine Domäne der Palliativmedizin. Im Folgenden soll nun der Versuch unternommen werden, die Ebene der Emotionen und Interaktionen derjenigen in den Blick zu nehmen, die das Sterben von Menschen mit fortgeschrittener Demenz begleiten und deren Tod zu bewältigen haben – ob als Angehörige, Freunde oder beruflich damit Befasste.

Ausgangspunkt ist die Annahme, dass die Beziehung der Hinterbliebenen zu verlorenen Partnern, die Freud (1917) als in nahezu jedem Fall ambivalent charakterisiert, sich im Fall des Todes eines dementen alten Menschen in besonderem Ausmaß schwierig gestaltet. Dafür lassen sich mindestens drei Gründe anführen.

Zum einen – und dies ist möglicherweise zentral – beschwören die kognitiven Einbußen und Verhaltensänderungen bei hochgradiger Demenz die Gefahr des ›sozialen Todes‹ der Betroffenen herauf. Bekannt ist, dass es schon bei beginnenden kognitiv bedingten Einschränkungen der Alltagskompetenz *zu prekären* Netzwerksituationen kommen kann und langandauernde private Pflegesituationen häufig nicht nur mit reaktiv-depressiven Befindlichkeitsstörungen, sondern auch mit Erlösungswünschen einhergehen (Kämmer 2002). Selbst in den Fällen, wo Angehörige und professionelle Beziehungspartner stets um einen Perspektivenwechsel im Interesse eines wertschätzenden Umgangs mit dem Dementen bemüht waren, bleiben diese Balanceakte doch einseitig (Karl 2004). Sweeting und Gilhooly (1997) fanden in explorativen Interviews mit pflegenden Angehörigen immerhin, dass für sie in mehr als einem Viertel der Fälle der *soziale Tod* des demenzkranken Pflegebedürftigen schon eingetreten war, was zu entsprechenden Veränderungen der Umgangsweisen bereits vor dem Eintreten des biologischen Todes führte. Dies ist eine

---

3 Die lückenhafte empirische und theoretische Fundierung soll hier keinesfalls denjenigen angelastet werden, die sich für innovative Konzepte engagieren. Die Ursache liegt vielmehr in der Tatsache, dass die Demenzforschung von einem starken Ungleichgewicht zugunsten der medizinischen Grundlagenforschung und zulasten vergleichender Therapie-, Pflege- und Betreuungsforschung gekennzeichnet ist (vgl. Klie u. Schmidt 2002).

Abweichung von der kulturellen Norm, nach der dem sozialen der biologische Tod vorauszugehen hat. Diese Abweichung dürfte die Wahrscheinlichkeit erheblich erhöhen, dass die Trennung durch Tod von den Pflegenden konflikthaft erlebt wird.

Zum zweiten unterliegen sowohl Angehörige als auch professionell Pflegende normativen Ansprüchen an das ›gute Sterben‹. So gehört es nach der Hospizidee zu den unverzichtbaren Wünschen am Lebensende, »schmerzfrei, bewusst und in Geborgenheit sterben zu dürfen, unerledigte Dinge noch erledigen zu können, frei von vermeidbaren Ängsten und in einer möglichst vertrauten Umgebung das Leben zu beschließen, entlastet um die Sorgen um die Hinterbliebenen« (Becker 1996). Doch die Orientierung an dieser Idee ist bei Sterbenden im fortgeschrittenen Stadium der Demenz nicht möglich, weil die Betroffenen kein Bewusstsein von Endlichkeit mehr besitzen.

Auch die von Kruse (1988) herausgearbeiteten fünf Typen von Verlaufsformen des Sterbens setzen ein Bewusstsein des Prozesses voraus und greifen deshalb bei demenziell Erkrankten nicht. Selbstbestimmung am Lebensende ist nicht zu realisieren. Die Betroffenen können nicht in den Prozess des Abschiednehmens einbezogen werden. Reflexionen, die zur Akzeptanz des nahenden Todes beitragen können, sind den Sterbenden nicht möglich – und damit auch für die sie begleitenden Personen erheblich erschwert. Anders formuliert: Die aus den Vorstellungen eines *guten Sterbens* abgeleitete Vorstellung der Identitätssicherung am Lebensende durch Aktualisierung der Identität und gleichzeitige sukzessive Sozialisierung in eine Sterberolle (Dreßke 2008) wird bei Demenzkranken obsolet.

Drittens ist das Sterben dementer Menschen mit besonderen Schwierigkeiten verbunden, weil bisher ›harte Daten‹ für die palliative Versorgung dementer Menschen fehlen. Schon aus medizinisch-pflegerischer Sicht bewegen sich Ärzte und professionelle PflegerInnen in der Schmerztherapie, bei der Ernährung sowie bei Entscheidungen am Lebensende der Betroffenen auf dünnem Eis (vgl. Kunz 2003). Professionelle wie Angehörige haben außerdem wegen der eingeschränkten verbalen Kommunikationsmöglichkeiten Probleme, die Qualität des Sterbeverlaufs zu deuten. Bei nicht dementen Pflegebedürftigen stehen körperliche Verrichtungen oft schon lange Zeit vor dem Sterbeprozess im Vordergrund. Sie bieten auch geeignete Anknüpfungspunkte für die Kommunikation und können den begleitenden Personen helfen, aus ihrer Ohnmacht gegenüber dem körperlichen Verfall herauszukommen und zu Handlungsfähigkeit zu gelangen. Bei vielen Dementen jedoch sind diese pflegerischen Handlungen erst sehr spät vonnöten. Ihre potenziell entlastende Wirkung für beide Seiten ist dann nicht eingeübt und wenig tragfähig.

Wie sollen nun Würde und Menschlichkeit auch am Ende des Lebens gewahrt bleiben? In der Folge vermischt sich nach dem Tod eines dementen Menschen die Trauer der Beteiligten, vielleicht mehr noch als in anderen Trauerfällen, mit Zweifeln oder gar Vorwürfen, ob der Verstorbene angemessen betreut wurde. Vor diesem Hintergrund können sich Schwierigkeiten in der Kommunikation, die während der Sterbebegleitung auftraten, zwischen den Angehörigen, MitbewohnerInnen und Professionellen nach dem Tod des dementen Menschen fortsetzen oder verschärfen.

Nötig sind also Konzepte, die zwar verbinden, jedoch jedem eigene Ausdrucksformen der Trauer erlauben. Wie dies aussehen kann, wird im Folgenden an einem Beispiel geschildert, wie in einer Institution gestorben und getrauert wird.

Trauerritual in einem Pflegeheim

Frau U. gehörte zur Generation von Witwen des II. Weltkriegs. Ihre beiden Kinder zog sie allein groß, ein Mädchen und einen Jungen. Die Tochter verließ früh das Haus, studierte, heiratete, wurde selbst Mutter einer Tochter und zog bald darauf in eine andere Stadt. Der Sohn blieb nach seiner Heirat und der Geburt seiner Zwillinge in der Nähe seiner Mutter wohnen. Frau U. war trotz der Trauer um ihren Mann, der von Hunger und Entbehrungen geprägten Nachkriegszeit und der langen Phase unfreiwilligen Alleinlebens nach dem Auszug ihrer Kinder stets ein lebenslustiger Mensch geblieben. Sie las gern, sang viel und sehr gut. Oft konnten alle Nachbarn ihren Gesang hören – besonders dann, wenn sie sich auf die Besuche von Kindern und Enkeln freute. Diese wurden mit dem Heranwachsen der Enkel freilich seltener.

Die Hausgemeinschaft des Mehrfamilienhauses, das sie bewohnte, hatte schon vor dem Krieg bestanden und alterte nun gemeinsam. Ein Nachbar sagte eines Tages zu Frau U's Sohn: »Wenn ich mal nicht mehr bin, müsst Ihr auf eure Mutter besser aufpassen. In letzter Zeit vergisst sie alles!« Er sollte recht behalten. Etwa ab dem 80. Lebensjahr litt Frau U. an einer rasch fortschreitenden Demenz, die schließlich eine Heimeinweisung wider ihren Willen unumgänglich machte.

Während ihrer Zeit im Pflegeheim wurde aus Frau U., die früher so fröh-

lich und hilfsbereit gewesen war, eine mürrische Alte. Sie bestand darauf, nicht mehr laufen zu können, beschuldigte ihre orientierte Zimmernachbarin, Frau E., des Diebstahls und ihre Kinder, dass diese sie kaum besuchten – nichts davon entsprach den Tatsachen. Das Personal konnte ihr nichts recht machen. Ihr Sohn hatte die anfängliche Verwirrung noch mit Humor ertragen können, doch nun erkannte er seine Mutter nicht wieder. Seine Besuche und die seiner Frau im Pflegeheim wurden immer seltener. Die Enkel-Zwillinge lebten inzwischen im Ausland und hatten längst keinen Kontakt mehr zu ihrer Großmutter. Die Tochter versuchte, diese Situation aufzufangen. Beruflich immer noch sehr eingespannt, fuhr sie einmal im Monat zweihundert Kilometer, um ihre Mutter zu sehen. Doch diese Mutter erkannte sie nicht mehr als eigene Tochter. Das private ›Realitäts-Orientierungstraining‹ half nichts. Enttäuscht und wütend verließ die Tochter jedesmal das Pflegeheim. War die Wut verraucht, befielen sie Schuldgefühle.

Mit etwas mehr Distanz konnte die Enkelin der Situation begegnen. Sie wohnte mehrere Autostunden entfernt und besuchte ihre Großmutter zwei- bis dreimal jährlich, sehr oft kam ihr Sohn, Frau U.s Urenkel, mit in das Pflegeheim und immer der Hund der Familie. Das Tier entspannte die Begegnungen sichtlich, weil nun über den Hund geredet werden konnte, woran der Urenkel sich voller Stolz beteiligte. Später, als auch diese Kommunikation unmöglich geworden war, konnte Frau U. den Hund immerhin noch wahrnehmen, zuletzt noch schwach und selbstvergessen sein weiches Fell streicheln. Frau U. starb nach fast drei Jahren im Pflegeheim nachts an einem Infarkt.

Das Heim hatte sich seit einiger Zeit für Konzepte der Hospizbewegung geöffnet. Die nächsten Angehörigen wurden informiert und gebeten, Fotos oder kleine Gegenstände für eine sog. ›Trauerkiste‹ mitzubringen. Frau U. blieb noch bis zum Mittag in ihrem Zimmer. In dieser Zeit setzte sich ihre Zimmernachbarin, Frau E., mit der sie in früheren Phasen der Demenz stets gestritten hatte, zu ihr. Als eine der noch auszubildenden Pflegehelferinnen nur hereinkam, um Medikamente zu bringen und wieder gehen wollte, sagte Frau E.: »Jetzt sagen Sie ihr wenigstens ›Tschüß‹! Das machen wir hier so – auch wenn jemand nicht so nett war!« Kurz darauf wurde Frau U. in den Verabschiedungsraum gebracht und dort die Trauerkiste aufgestellt. Zu dieser Zeit trafen Sohn und Schwiegertochter ein. Die Stationsschwester empfing die beiden und fragte sie nach ihren Wünschen für den Abschied. Die beiden wollten einige Zeit mit Frau U. allein im Verabschiedungsraum bleiben, eine Kerze sollte brennen. Sie gingen, bevor am Abend Tochter und Schwiegersohn kamen.

In der Zwischenzeit hatte die Stationsleitung eine Traueranzeige im Eingangsbereich und auf den Fluren der Station aufgehängt. Einige wenige BewohnerInnen hatten von Frau U. Abschied genommen. Zwei davon hatten etwas für die Trauerkiste mitgebracht. Eine Bewohnerin brachte ihren Schlüsselanhänger, einen kleinen Plüschhund, »weil doch Frau U. Hunde so mochte«. Die Zimmernachbarin hatte das Cover einer Opern-CD in die Kiste getan. Die Angehörigen legten ein Foto von Frau U.'s Hochzeit vor dem Krieg hinein sowie eine Postkarte, darauf der Strand der Nordsee, wo Frau U. aufgewachsen war. Im Laufe der Woche kamen noch einige Gegenstände hinzu. Eine Pflegerin hatte sich erinnert, dass Frau U. zu Beginn ihres Aufenthalts manchmal noch Schlager der 1920er Jahre gesungen hatte. Sie legte vorübergehend das Charleston-Kleid ihrer eigenen verstorbenen Großmutter in die Kiste. Die Trauerkiste bekam am nächsten Tag einen Platz im Eingangsbereich der Einrichtung. Dort stand sie auch noch, als die Enkelin und der Urenkel nach der Beerdigung vorbeikamen, um ihrerseits einen von Frau U. geliebten Gedichtband und ein Foto von der Einschulung des Urenkels, an der Frau U. stolz teilgenommen hatte, hineinzulegen.

Trauerrituale nach dem Tod dementer Menschen

Alle *Trauerkisten* bleiben in diesem Heim mindestens einen Monat lange offen. Dieses Trauerritual ist nur eine mögliche Form der Institutionalisierung von unterschiedlichsten Gefühlen angesichts des Todes. Das Konzept solcher *Trauerkisten* eignet sich allerdings besonders gut auch für die Trauer um Menschen, die vor ihrem Tod hochgradig dement waren. Denn deren Angehörige und manchmal auch die professionellen BegleiterInnen durchlebten über lange Zeit viele kleine Abschiede, die zum vorzeitigen sozialen Tod der nun physisch Gestorbenen führten. Es kann deshalb nicht mehr vorrangiges Ziel des Trauerrituals sein, Trauerprozesse auszulösen. Vielmehr gilt es, Erinnerung zu stiften! Angemessen ist dieses Ritual zudem, weil die Beteiligten über die Biografie der Verstorbenen verbunden werden. Denn das Konzept basiert auf zwei Annahmen: Die eine ist, dass es eine unendliche Vielfalt von Beziehungen der Trauernden zur verstorbenen Person gibt und daraus unendlich viele Formen der Trauer resultieren. Diese Vielfalt trennt die Trauernden voneinander und erschwert Interaktionen zwischen ihnen. Die andere Annahme ist, dass jede/r Trauernde zugleich Teil der Biografie des/der Toten war, so wie der/die Tote zum Teil der Biografie des/der Trauernden geworden ist. Der Bezug auf die Lebensgeschichte eignet sich deshalb nicht nur zur Bearbeitung individueller Trauer, sondern ebenso auch zur Vermittlung und zur produktiven Kommunikation zwischen Trauernden. Durch die Gegenstände in der Kiste wird Biografie symbolisiert, eine Wiederherstellung der Identität der Verstorbenen wird möglich.

Tod und Trauer markieren Grenzen in unserem Leben, an denen wir unsere Machtlosigkeit erfahren, »eine Machtlosigkeit, die uns selbst in Trauer, Leid(en) und Sterben trifft, die wir aber auch in Begleitung trauernder, leidender und sterbender Mitmenschen erfahren können« (Schmitz-Scherzer 1990, 43). Wenn ein Trauerritual dazu beiträgt, diese Grenzerfahrung gemeinsam zu bewältigen, hat es seine Funktion erfüllt.

Literatur

Baltes PB, Mittelstraß J, Staudinger UM (Hg) (1994) Alter und Altern: Ein interdisziplinärer Studientext zur Gerontologie, Berlin, New York (de Gruyter).

Becker P (1996) Das Hospiz als Modell und Realität. In: Fuchs M et al. (Hg) Sterben und Sterbebegeleitung. Ein interdisziplinäres Gespräch. Stuttgart, Berlin, Köln (BMFSFJ) 65–67.

Dreßke S (2008): Die Herstellung des guten Sterbens. Arbeit an der Identitätssicherung im Hospiz. In: Saake I, Vogel W (Hg) Moderne Mythen Medizin. Wiesbaden (VS) 215–235.

Elias N (1982) Über die Einsamkeit des Sterbenden in unseren Tagen. Frankfurt a.M. (Suhrkamp).

Entzian H (2002) Wandel gestalten – Wege zu lebensweltbezogenen Unterstützungsformen für gerontopsychiatrisch erkrankte Menschen und ihre Angehörigen. Z Gerontologie Geriatrie 35(3): 181–185.

Freud S (1917) Trauer und Melancholie. GW X. Frankfurt (Fischer 1981) 428–446.

Göckenjan G (2008) Sterben in unserer Gesellschaft – Ideale und Wirklichkeiten. Aus Politik und Zeitgeschichte (APuZ) 4: 7–14.

Howe J et al. (Hg) (1992) Lehrbuch der psychologischen und sozialen Alternswissenschaft. Band 4: Sterben – Tod – Trauer. Heidelberg (Asanger).

Heller A, Dinges S, Heimerl K, Reitinger E, Wegleitner K (2003) Palliative Kultur in der stationären Altenhilfe. Z Gerontologie Geriatrie 36(5): 360–365.

Kämmer K (2002) Der Beitrag professioneller Pflege zur Lebensweltgestaltung von Menschen mit Demenz. Z Gerontologie Geriatrie 36(5): 186–189.

Karl F (2005): Demenz und Sozialpädagogik. In: Schweppe C (Hg) Alter und Soziale Arbeit. Baltmannsweiler (Schneider).

Klie T, Schmidt R (2002) Begleitung von Menschen mit Demenz. – Bestandsaufnahme und

Formulierung demenzpolitischer Desiderate und Optionen. Z Gerontologie Geriatrie 35(3): 199–208.

Kruse A (1988) Die Auseinandersetzung mit Sterben und Tod – Möglichkeiten eines ärztlichen Sterbebeistandes. Z Allgemeinmedizin 64: 138–152.

Kojer M (Hg) (2002) Alt, krank und verwirrt. Einführung in die Praxis der Palliativen Geriatrie. Freiburg (Lambertus).

Kunz R (2003) Palliative Care für Patienten mit fortgeschrittener Demenz. Values Based statt Evidence Based Practise. Z Gerontologie Geriatrie 36: 355–360.

Metz C, Wild M, Heller A (Hg) (2002) Balsam für Leib und Seele. Pflegen in Hospiz und palliativer Betreuung. Freiburg (Lambertus).

Prahl HW, Schroeter KR (1996) Soziologie des Alterns. Paderborn, München, Wien, Zürich (UTB).

Schmitz-Scherzer R (1990) Sterben – ein Versuch aus sozialgerontologischer Perspektive. In: Olbrich E, Kruse A, Schmitz-Scherzer R (Hg) Altern: ein lebenslanger Prozess der sozialen Interaktion. Darmstadt (Steinkopff) 43–54.

Steinhagen-Thiessen E, Hamel G, Lüttje D, Oster P, Plate A, Vogel W (2003) Geriatrie – Quo vadis? Zur Struktur geriatrischer Versorgung. Z Gerontologie Geriatrie 36(5): 366–377.

Sweeting H, Gilhooly M (1997) Demetia and the phenomen of social death. Sociology of Health and Illnes 19(1): 93–117.

Terno E (2001) Sterben, Tod und Trauer als Inhalte der Altenpflegeausbildung. Entwurf eines Unterrichtskonzepts für den Altenpflegeberuf Köln (KDA »Thema« 164).

Wahl HW, Tesch-Römer C (2000) Angewandte Gerontologie in Schlüsselbegriffen. Stuttgart, Berlin, Köln (Kohlhammer).

Wilkening K (2000) Organisationskultur des Sterbens – Herausforderungen für die Sozialarbeit. Theorie und Praxis der Sozialen Arbeit 3: 91–97.

Wilkening K, Kunz R (2003) Sterben im Pflegeheim – Perspektiven und Praxis einer neuen Abschiedskultur. Göttingen (Vandenhoeck & Ruprecht).

Korrespondenzadresse:
Dr. rer. pol. Kirsten Aner
Universität Kassel, Fachbereich 4
Arnold-Bode-Str. 10
34119 Kassel
E-Mail: *aner@uni-kassel.de*

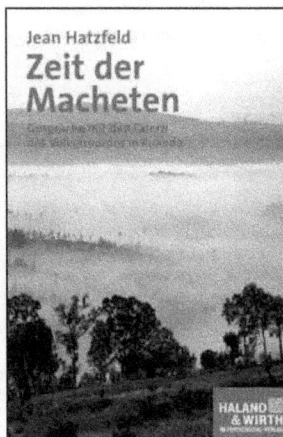

2004 · 251 Seiten · Broschur
ISBN 978-3-89806-933-5

2004 · 314 Seiten · Broschur
ISBN 978-3-89806-932-8

Jean Hatzfeld hat Überlebende der Massaker im April/Mai 1994 in Ruanda interviewt. Die Berichte geben tiefe Einblicke in die Traumatisierungen und Bewältigungsstrategien der Überlebenden. Zusammen mit den informativen Berichten Jean Hatzfelds über die politischen und gesellschaftlichen Hintergründe zeichnet dieses Buch ein eindringliches Bild des Völkermordes, der bis heute nicht aufgearbeitet ist.

In diesem Buch befragt Jean Hatzfeld die Täter des Völkermordes in Ruanda. Er versucht zu verstehen, warum ganz normale Bauern scheinbar plötzlich ihre Nachbarn mit Macheten und Knüppeln brutal ermordeten. Dieses einmalige Zeugnis gibt aufschlussreiche Einblicke in die Denkweisen und Verleugnungsstrategien der Täter.

In seinem Nachwort analysiert Hans-Jürgen Wirth die individuellen und kollektiven psychosozialen Prozesse, die diese Verbrechen möglich machten.

P⊞V
Psychosozial-Verlag

Goethestr. 29 · 35390 Gießen · Tel. 06 41/ 971 69 03 · Fax 77742
bestellung@psychosozial-verlag.de
www.psychosozial-verlag.de

Theaterspielen im Alter – therapeutisch wirksam

Thea Louise Schönfelder (Hamburg)

Ich bin 82 Jahre alt. Zwanzig Jahre nach der Emeritierung als Lehrstuhlinhaberin für Kinder- und Jugendpsychiatrie an der Universität Hamburg und vorwiegend familientherapeutisch und körperpsychotherapeutisch qualifiziert, fühle ich mich als Professionelle auch dann, wenn ich seit vielen Jahren nicht mehr im psychotherapeutischen Bereich arbeite. Als eine von 26 Alten, die für ein Altentheaterprojekt des Deutschen Schauspielhauses in Hamburg (Intendant: Friedrich Schirmer) unter mehreren hundert Bewerbern und Bewerberinnen ausgewählt wurden, habe ich an Bühnensehnsüchte meiner Jugend angeknüpft und in dem Stück »*Rosi, das hast du gut gemacht*« unter der Regie von Jacqueline Kornmüller begeistert mitgespielt (fünf Aufführungen in der Zeit vom 18.06.06–01.05.07).

Begeistert hat mich auch die Lektüre des Artikels »Von der Nützlichkeit des Theaterspiels für das Leben im Alter« (Psychotherapie im Alter 1(4): 71–81 (2004)). Ich las ihn erst kürzlich, nach meiner Mitwirkung an dem Hamburger Projekt. Manche Parallelen und manche Abweichungen veranlassen mich zu einer Ergänzung aus der für mich nun einmal nicht wegzudenkenden psychotherapeutischen Sicht. Beziehen möchte ich mich auf persönliche Erfahrungen während der intensiven Probenarbeit (fast täglich mit mehrtägigen Pausen während vier Monaten), die ich zu einem wesentlichen Teil schon während dieser Zeit schriftlich festgehalten habe, auf Gespräche mit anderen Mitwirkenden und vor allem der Regisseurin, deren Einfühlsamkeit und Kompetenz nicht nur ich wesentliches verdanke.

»Die Vergangenheit ist nicht tot, sie nicht einmal vergangen«, – diesem Wort von William Faulkner kann nur jeder beipflichten, der sich psychotherapeutisch mit »Erinnerungsarbeit« befasst. Die Kraft der Erinnerung ist besonders dann auch therapeutisch wirksam, wenn sie – mit kreativen Mitteln aufbereitet – mitgeteilt und mit der dazugehörigen Person wahr- und auch ernstgenommen wird. Nach meiner Erfahrung betrifft das alle künstlerischen Bereiche, so z. B. auch das sog. kreative Schreiben, das ich regelmäßig in der Seniorenakademie St. Nikolai in Hamburg anbiete.

Besonders aber gilt das für das Theaterspielen von und mit alten Menschen, freilich unter der Voraussetzung, wie sie von der Interviewpartnerin von Angelika Trilling in dem erwähnten Artikel, Pam Schweizer, offensichtlich seit Jahren verfolgt wird: Es geht nicht um ein laienhaftes Imitat eines Originalschauspiels, nicht um die Erfindung eines (möglichst alters- und zielgruppengerechten) Stückes, sondern um die Darstellung von selbst erarbeiteten Teilen der Lebensgeschichten (biographisches Theater). In der Londoner Gruppe wurde der Text offensichtlich gemeinsam erstellt. Das Hamburger »Material« bezog sich auf Gesprächsinhalte – schon vom Casting an –, Interviews und aus der Probenarbeit gewonnene Einzel- und Gruppenversatzstücke, die von der Regisseurin zu einem Textbuch verarbeitet wurden. So konnte sich jeder Darsteller, jede Darstellerin in einer Rolle des eigenen Lebens wiederfinden und für die Inhalte der anderen Darsteller einen Resonanzraum bilden, der bei den Aufführungen auch die Zuschauer mit einschloss. Das zitierte Wort von William Faulkner bestimmte den Inhalt des Stückes. Im Theaterspiel wurde der Einzelne, die Einzigartigkeit seines Lebensschicksals wahrgenommen. Er fand Gehör und die Reaktion auf seine Besonderheit im Alltäglichen war in einem geschützten öffentlichen Rahmen für ihn erfahrbar.

Die klare Weisung der Regisseurin, den Bühnenraum nicht vor Erlangung der Sicherheit in der eigenen Rolle kennenzulernen, verlieh diesem hellen und in seiner Ausdehnung variablen fast leeren Raum wirklich den Charakter einer schützenden Hülle um die »gemeinsame Sache«.

In der intensiven Probenarbeit gewachsenen Beziehungen waren an die klare und unveränderliche Struktur des Stückes geknüpft, an die »gemeinsame Sache« eben, aus der es kein Ausweichen gab. Es gab Gespräche, Ermutigung und Kritik und Veränderungen, aber keine Debatten, kein »aus der Reihe tanzen«. Wenn sie nach ihren eigenen Worten auch »keine Psychotherapeutin« war, sondern eine »Material sammelnde und verarbeitende Regisseurin«, so war die Rolle von Jacqueline Kornmüller doch in hohem Maßen »psychotherapeutisch wirksam«.

Die »gemeinsame Sache«: wie oft habe ich während meiner Berufsjahre mit seelisch eingebrochenen Jugendlichen die Erfahrung machen müssen, dass es dies dritte Verbindende war, das ihnen weiterhalf, eine konkrete Form der »Triangulierung«, die das Wagnis einer persönlichen Beziehung für Menschen entschärft, denen es (noch) an Kraft fehlt, diese direkt einzugehen.

Zurück ins Alter: Die Freude am »Spiel«, in den Proben durch einfache Vorgaben geweckt, war es schließlich, die für die Bühnenpräsenz ausschlaggebend war. Wir brauchen uns nicht ausdrücklich zu besinnen auf das, was in unserer Entwicklung »Spiel« bedeutet hat, um zu erkennen, dass der damit verbundenen freudigen Aktivität auch im Theaterspielen alter Menschen eine zentrale Rolle zukommt. Nicht ein »freies Spiel« war für uns Mitwirkende wichtig, sondern freies Gestalten innerhalb einer strukturellen Vorgabe, das Einhalten von Spielregeln, das zugleich Raum lässt für Phantasie, Ausdruck, Bewegung im konkreten wie im übertragenen Sinne. Das Zusammenspiel, das im intensiven Probenablauf (Wahrnehmungs- und Körperarbeit, Kinderspielelemente, Improvisation, Stimmbildung einschl. Singen) schließlich zustande kam, war für viele Mitwirkende Ausdruck einer Zugehörigkeit, das wesentliche Personen des Bühnen- und sonstigen technischen Personals mit einschloss. Persönliche Kontakte wurden geknüpft und zum Teil bis heute beibehalten. Nicht nur durch Altersisolierung gefährdete Menschen fanden im »Rosi – Ensemble« unter Menschen gleicher Generation und vergleichbarer Lebensschicksale die Möglichkeit einer psychotherapeutisch wirksamen Unterstützung im »Spiel auf dem Theater«.

Korrespondenzadresse:
Professor Dr. med. Thea Louise Schönfelder
Mittelweg 106
20149 Hamburg

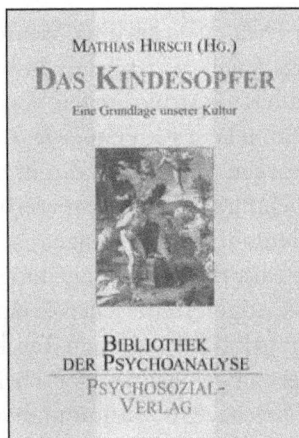

2006 · 217 Seiten · Broschur
ISBN 978-3-89806-925-0

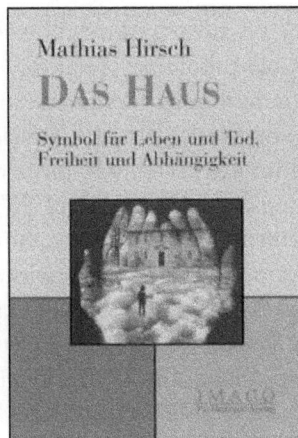

2006 · 217 Seiten · Broschur
ISBN 978-3-89806-512-2

Die Menschen opfern ihre Kinder höheren Zielen, letztlich, um ihre Kultur vor äußeren oder inneren Feinden zu schützen oder die in der Gemeinschaft enthaltene Aggression zu kanalisieren. Das Opferthema – Menschen opfern ihre Kinder oder sich selbst höheren Zielen – beherrscht die Mythologie und die Künste und wird von mancher Ideologie funktionalisiert. Die Autoren behandeln es in gruppen- und psychodynamisch fundierter Weise aus verschiedenen Perspektiven. So werden Sinn und Dynamik des Kindesopfers und ein ganzes Spektrum von Gründungsmythen untersucht und es wird klar, dass am Beginn einer Kulturentwicklung häufig ein Opfermythos steht – die Geschichte von Abraham und Isaak begründet die jüdische, der Opfertod Jesu Christi die christliche Kultur, und man kann sagen, dass der Ödipus-Mythos die Psychoanalyse begründete.

»Wenn das Haus fertig ist, kommt der Tod.« (türk. Sprichwort)
Das Haus verbinden wir mit Geborgenheit und Sicherheit. Es ist Teil unserer Sehnsuchtsliebe nach der idealisierten Kindheit im Elternhaus, und gleichzeitig symbolisiert es eigene Zukunftswünsche nach Selbständigkeit im eigenen Haus. Das eigene Haus bedeutet aber auch ein Festgelegt-Sein, ein Stück Unfreiheit: Individualität wird zur Konformität, Freiheit zur Festlegung, Sicherheit zur Abhängigkeit. Möchte man sich im Haus selbst eine mütterliche Hülle schaffen, entdeckt man über kurz oder lang mit unheimlichem Gefühl, dass es auch den Charakter des Grabes annehmen kann. So symbolisiert das Haus einen basalen ambivalenten Autonomie-Abhängigkeitskonflikts, dem Mathias Hirsch nachgeht: witzig und hintergründig – kulturwissenschaftlich und psychoanalytisch.

P🔲V
Psychosozial-Verlag

Goethestr. 29 · 35390 Gießen · Tel. 0641/9716903 · Fax 77742
bestellung@psychosozial-verlag.de
www.psychosozial-verlag.de

Brücken bauen zu Menschen mit Demenz – Möglichkeiten und Grenzen für Angehörige in der Begleitung. Der Verein DemenzForumDarmstadt e. V. stellt sich vor

Dorothee Munz-Sundhaus (Darmstadt)

Das DemenzForumDarmstadt e. V. ist Anlauf- und Informationsstelle für Menschen mit Demenz und für ihre Familien in Darmstadt. Es ist Mitglied der Deutschen Alzheimer Gesellschaft. Der Verein wurde im Jahr 2000 aus einer Arbeitsgruppe Demenz der Fachkonferenz Altenhilfe gegründet. Die Fachkonferenz Altenhilfe in Darmstadt ist ein Zusammenschluss aller Institutionen der Altenhilfe in Darmstadt, die sich zweimal im Jahr trifft.

Der Verein mit knapp 100 Mitgliedern setzt sich zusammen aus professionell Tätigen der Altenhilfe, Angehörigen von Menschen mit Demenz und interessierten Bürgerinnen und Bürgern. Der ehrenamtliche Vorstand arbeitet mit hoher Professionalität und großem Engagement. Die Vorsitzende ist Diplom Psychologin und Gerontologin, die stellvertretende Vorsitzende ist Pflegefachkraft und Pflegedienstleitung und arbeitet beim Hessischen Amt für Versorgung und Soziales, Abteilung Heimgesetz, die Schriftführerin ist Pfarrerin für Hochbetagte im Dekanat Darmstadt Stadt. Auch einige der BeisitzerInnen sind professionell in der Altenhilfe tätig. Mehrere Vorstandsmitglieder sind oder waren persönlich davon betroffen, mit einem Menschen mit Demenz in der Familie zu leben. Dem Vorstand ist es ein großes Anliegen, die Situation von Menschen mit Demenz und deren Familien in der Stadt zu verbessern und zu entwickeln. Der Verein finanziert sich über einen Betriebskostenzuschuss der Stadt Darmstadt, Mitgliedsbeiträge, Spenden und Förder-, Stiftungs- oder Projektgelder.

Ein wichtiges Anliegen des Vereins ist es, für das Krankheitsbild der Demenz mehr öffentliche Aufmerksamkeit zu erreichen, die Erkrankung aus der Tabuzone herauszuholen und die Menschen für den Umgang mit den erkrankten Menschen zu sensibilisieren. Dabei sollen auch Menschen erreicht werden, die noch keinen oder nur wenig Kontakt zu demenziell veränderten Menschen hatten, um sie so zu sensibilisieren, dass sie in Alltagssituationen eine adäquate Begleitung anbieten können. Eine solche Sensibilisierung soll bei der Polizei, bei Dienstleistern und bei Mitarbeitern im Einzelhandel erreicht werden, aber auch Schüler stellen eine Zielgruppe dar.

Aufgaben des Vereins

➤ Öffentlichkeitsarbeit mit
  ➤ Pressearbeit,
  ➤ offene Veranstaltungen, z. B. Welt-Alzheimer-Tag,
  ➤ Fachforen für Angehörige,
  ➤ Infoveranstaltungen, z. B. bei Seniorennachmittagen, Krankenkassen, und
  ➤ Begegnungsmöglichkeiten (»Kunst und Demenz«: Konzerte, Ausstellungen)
➤ Beratungsangebote
  ➤ am Telefon,
  ➤ in der Beratungsstelle und
  ➤ in der eigenen Häuslichkeit
➤ Seminare für Angehörige, Ehrenamtliche und Interessierte:
  ➤ Zweimal im Jahr wird eine 9-teilige Seminarreihe zu den Themen der Demenz angeboten. Durch Kooperationsvereinbarungen mit Krankenkassen sind diese Seminare für die Teilnehmenden kostenfrei.
➤ Angehörigengesprächskreise:
  ➤ 1 x im Monat finden die Angehörigengesprächskreise unter Anleitung statt. Erfahrungen und Fragen der Angehörigen sind deren Inhalt.
➤ Niedrigschwellige Betreuungsangebote wie
  ➤ Betreuungsgruppen,
  ➤ Hausbesuchsdienste und
  ➤ Hundespaziergehprojekte.
➤ Projektarbeit:
  ➤ Netzwerkarbeit – Kooperation mit möglichst vielen Akteuren, die sich professionell mit dem Krankheitsbild der Demenz befassen: Haus- und Fachärzte, Krankenhäuser, ambulante Dienste, stationäre Einrichtungen und Sozialverwaltung der Stadt.
  ➤ Entwicklung einer Demenz-freundlichen Stadt Darmstadt – Ziel: Menschen, die mit dem Krankheitsbild noch wenig oder keinen Kontakt hatten, sollen erreicht werden, um zu sensibilisieren und eine annehmende Umwelt für sie zu gestalten.

➤ Migration und Demenz: zugehender Kontakt mit Migrantengruppen mit zweisprachigen Informationsveranstaltungen und Beratungen mit dem Ziel, dass die bestehenden Angebote von diesen Menschen auch genutzt werden können.

➤ Fort- und Weiterbildungsangebote für professionell Pflegende:

➤ Inhouse-Schulungen für ambulante Dienste,

➤ Fortbildungen zum Thema Menschen mit geistiger Behinderung und Demenz,

➤ Weiterbildung für Präsenzkräfte und Alltagsbegleitung in ambulant betreuten Wohn- und Lebensgemeinschaften für Menschen mit Demenz und in stationären Hausgemeinschaften,

➤ Fortbildungsveranstaltungen zu bestimmten Themenbereichen und

➤ Fallbesprechungen.

➤ Entwickeln alternativer Wohnformen für Menschen mit Demenz:

➤ Seit Februar 2005 Aufbau einer Wohn- und Lebensgemeinschaft für Menschen mit Demenz in Darmstadt-Arheilgen,

➤ Fachtagung im Juni 2006 zu ›ambulant betreute Wohngemeinschaft als alternative Wohnform für demenziell erkrankte Menschen – Stand und Perspektiven in Hessen‹ und

➤ Beratung von Initiatoren für ambulant betreute Wohn- und Lebensgemeinschaften für Menschen mit Demenz (Konzeptentwicklung, Projektbegleitung).

Tätigkeit

Im Jahr werden ca. 250 Beratungen durchgeführt, die vor allem von begleitenden EhepartnerInnen, erwachsenen (Schwieger-)Kindern, Enkeln und auch von den betroffenen Menschen selbst in Anspruch genommen werden. Geleistet wird das breite Spektrum der Arbeit neben dem hoch engagierten, ehrenamtlich arbeitenden Vorstand von einer Vereinskoordination mit 30 Wochenstunden, einer Verwaltungskraft mit 20 Wochenstunden und einer Hauskoordination für die WG mit 10 Wochenstunden. Nicht wegzudenken sind die ca. 20 ehrenamtlich arbeitenden Betreuungskräfte, die in den Betreuungsgruppen, in der WG und im Hausbesuchsdienst die Begleitung der Menschen mit Demenz übernehmen. Sie werden durch Supervision und Fortbildung durch den Verein begleitet.

Was ist eine Demenz?

Demenz ist der Oberbegriff für Erkrankungsbilder, die mit dem Verlust der geistigen Funktionen wie Denken, Erinnern, Orientierung (persönlich, zeitlich, örtlich und situativ) und dem Verknüpfen von Denkinhalten einhergehen. Sie führen dazu, dass alltägliche Aktivitäten nicht mehr eigenständig durchgeführt werden können. Die Fähigkeit, sich im Alltag zurechtzufinden, nimmt im Verlauf der Erkrankung ständig ab. Der Krankheitsbeginn verläuft schleichend, und es können bis zur Diagnosestellung einige Jahre vergehen.

Für Familienangehörige bedeutet das Miteinander im Alltag eine große Herausforderung. Die erkrankten Menschen brauchen zunehmend mehr an Anleitung und Begleitung in der Alltagsgestaltung, um ihre Kompetenzen und Ressourcen möglichst lange erhalten zu können. Wenn dies gelingt, bedeutet das für den erkrankten Menschen ein hohes Maß an Zufriedenheit.

Brücken bauen in der Beratung mit Familien

Häufig wird das Beratungsangebot des DemenzForumDarmstadt e. V. einmalig bzw. in großen zeitlichen Abständen in Anspruch genommen. Die Familien haben in der Regel einen hohen Leidensdruck, sind überlastet und am Ende ihrer Kraft.

Die Erkrankung der Demenz fordert die begleitenden Angehörigen auf vielen Ebenen – bei der Auseinandersetzung mit rechtlichen Fragen, beim Übernehmen von Handlungen des erkrankten Menschen und bei der tatsächlichen Anleitung im Alltag. Besonders hoch ist die Beanspruchung auf der emotionalen Ebene – mit allen Gefühlen, die uns Menschen zur Verfügung stehen. Mit diesen Veränderungen durch die Demenzerkrankung zu leben und den Umgang mit dem erkrankten Menschen zu lernen, ist eine herausfordernde Aufgabe. Familiensysteme verlieren ihre vertrauten Positionen, Verantwortungen werden neu verteilt und alte Muster müssen aufgegeben werden. Die Inanspruchnahme von professioneller Hilfe ist häufig notwendig, es geht u. a. um die Unterstützung bei der Akzeptanz des Menschen, der sich durch die Erkrankung verändert hat, und um seine Integration im sozialen Umfeld sowie auch um die Übernahme von Rechtsgeschäften.

Inhalte der Beratung

➤ Hochbelastung der Angehörigen durch die Begleitung und Betreuung ihrer an Demenz erkrankten Familienmitglieder,

➤ Diagnostik und Therapiemöglichkeiten bei Demenz,

➤ Verstehen des Krankheitsbildes und damit Verstehen der Notwendigkeit eines veränderten Umgangs,

➤ Verschlechterung des Zustandes nach Krankenhausaufenthalt,

➤ Unterstützung im Umgang mit dem erkrankten Menschen (finanzielle Angelegenheiten, Auto fahren etc.),

➤ Möglichkeiten der Unterstützung im ambulanten, teilstationären und stationären Bereich,

➤ (Erst-)Begutachtung des MDK (Vorbereitung durch ein Pflegetagebuch),

➤ Notwendigkeit einer Vorsorgevollmacht, Betreuungsverfügung oder gesetzliche Betreuung,

➤ Klärung der Notwendigkeit eines Schwerbehindertenausweises,

➤ Beschäftigungsmöglichkeiten des erkrankten Menschen im Tagesablauf und

➤ praktische Unterstützung in der Tagesorganisation

Die Bindung der Angehörigen an die erkrankten Menschen ist eng, der Wunsch nach einem ›guten Abschied‹ ist groß und das Erleben der eigenen Überlastung ist schmerzhaft. Spüren, was gut für einen Menschen ist, und dies zuzulassen, dafür bedarf es in belasteten Situationen eines neutralen Blickes von außen.

Ziele der Beratung sind Verständnis für den erkrankten Menschen, Anerkennung der belasteten Situation, Entlastungsangebote und Perspektiven für den weiteren Erkrankungsverlauf. Wenn es gelingt, dass Angehörige von Menschen mit Demenz ihren Blickwinkel verändern und erweitern können, damit wieder oder neu Platz entstehen kann für die besondere Beziehung zu dem erkrankten Menschen, dann ist die Beratung gelungen. Häufig sprechen die Angehörigen dies nach einer Beratung aus; sie fühlen sich ge- und bestärkt in dem, was sie tun, sie haben Handlungsalternativen entwickelt und sind mit ihrer Hochbelastung angenommen worden.

Beratung dient auch hier – wie in vielen anderen Beratungskontexten – zur Wahrnehmung des Seins in all seinen Facetten, zum Zulassen der emotionalen Befindlichkeit und zum Entwickeln neuer Schritte in Begleitung.

Korrespondenzadresse:
Dorothee Munz-Sundhaus
DemenzForumDarmstadt e. V.
Bad Nauheimer Str. 9
64289 Darmstadt
Tel.: 06151/967996
E-Mail: *demenzforum@t-online.de*
Internet: *www.demenzforum-darmstadt.de*

Buchbesprechungen

Schulz-Jander EM (2008) Von Kassel nach Haifa. Die Geschichte des glücklichen Juden Hans Mosbacher. Kassel (euregioverlag) 157 Seiten, € 14,90

Als »Erinnerungsliteratur aus zweiter Hand« bezeichnet die Autorin Eva M. Schulz-Jander ihr Buch über Hans Mosbacher, kann sie sich ihm doch allein über die Erinnerungen anderer – hier vor allem die des Sohnes – nähern. Aus der zeitlichen und persönliche Distanz kann sie ihren Blick auf den Holocaust weiten und mit dem seit 60 Jahren kanonisierten Opferdiskurs brechen.

Hans Mosbacher, Jahrgang 1882, Erbe der väterlichen Wollwäscherei im Kasseler Osten und selbstbewusstes Mitglied des jüdisch-deutschen Bildungsbürgertums, eignet sich in der Tat nicht als Exempel für eine verlustreiche Vertreibung – wiewohl natürlich nächste Angehörige und Freunde in der Tötungsmaschinerie des Nationalsozialismus ihr Ende fanden und der Besitz verloren ging. Hans Mosbacher ist ein mit Sprachwitz und Optimismus gesegneter Protagonist eines deutschen Judentums, der seinen Glauben an Aufklärung und Liberalismus nach seiner Auswanderung nicht verliert.

Zeitlebens weigert er sich, Hebräisch zu lernen, und sieht sich aufgrund seiner englischen und französischen Sprachkenntnisse und seines Kommunikationstalentes zur Verständigung – etwa mit seinen arabischen Geschäftsfreunden – bestens ausgestattet. Dass er Land und Leute konsequent durch den Filter mitteleuropäischer Weltdeutung betrachtet, ist für seine Kinder in ihrem Bedürfnis, schnell und bruchlos in Erez Israel anzukommen, nicht immer einfach.

Das lebensvolle Panorama des alten Europas, das im jungen Israel von ihm beherzt fortgeschrieben wird, bietet dem nachgeborenen Leser Einblicke in eine Vergangenheit, die bislang kaum Thema zeitgeschichtlicher Auseinandersetzung war. Auch wer mit Straßennamen und lokalen Bezüge nicht vertraut ist, erhascht in den Reminiszenzen an ein untergegangenes Kassel überraschende Blicke auf das Deutschland vor dem Zivilisationsbruch der Shoa und wird Zeuge, wie es Hans Mosbacher gelingt, seine Identität im Spannungsfeld zwischen kulturellem Bewahren und kritischer Öffnung in der neuen Heimat auszubalancieren.

Eva M. Schulz-Jander arrangiert die disparaten Mosaiksteine eines langen Lebens – Mosbacher stirbt mit 92 Jahren in Haifa – ohne Leerstellen und Widersprüche zu übertünchen.

Was der Sohn, der Kassel als Zehnjähriger verließ, als drängenden Wunsch an die Autorin herantrug, über die Biografie des Vaters seinem eigenen Leben auf die Spur zu kommen, wurde für sie selbst zur Begegnung mit dem eigenen Exilschicksal. Emigration, so erfahren wir auf einer Metaebene, spielt sich auf vielen Ebenen des Bewusstseins und der Bewältigung ab. Gelingt es dem Einzelnen, den Kern seiner Werte und seiner Kompetenzen in das neue Umfeld zu integrieren, so kann das Leben in der Emigration zum Erfolg werden – ein Erfolg zumal, den es bis ins hohe Alter zu pflegen und zu sichern gilt.

Die Geschichte vom »glücklichen Juden« ist Zeugnis eines persönlichen Triumphs über den Nationalsozialismus, dem es trotz aller Barbarei nicht gelang, das kulturelle Bewusstsein eines aufgeklärten Bürgers gänzlich zu vernichten, sondern ihm sogar zum Weiterleben in neuer Umgebung verhalf. Solche Juden, wie Hans Mosberger einer war, gibt es nicht mehr – weder in Deutschland noch in Israel. Doch haben sie im kollektiven Gedächtnis beider Länder ihre Spuren hinterlassen. Das Buch von Eva M. Schulz-Jander lässt sie uns entdecken und dabei – wenn schon nicht glücklich – doch ein wenig wissender werden.

Angelika Trilling (Kassel)

Prantl H, v Hardenberg N (Hg) (2008) Schwarz, Rot, Grau – Altern in Deutschland. München (Süddeutsche Zeitung Edition) 191 Seiten, € 12,90

Während sonst Bücher häufig etwas langatmig beginnen, Probleme des Alterns, des Alters und der Versorgungsinstitutionen darzustellen, ist dieses flüssig ge- schriebene Buch lebendig gestaltet und keineswegs ermüdend. Vielmehr findet sich in neun Kapiteln eine bunte Mischung von Kurzbiografien, die zeigen, wie unterschiedlich Menschen im Alter leben bzw. auch versorgt werden, Interviews, Bilder alter Menschen, wissenschaftliche Faktensammlungen und etwas bittere Situationsbeschreibungen. Es ist sicher eine gute Einführung für die Menschen selbst, die sich auf bevorstehende Probleme im Alter vorbereiten wollen, wie auch für Angehörige, die bei anstehenden Entscheidungen helfen wollen und durch dieses Buch einen Überblick über verschiedenen Möglichkeiten bekom- men, das Leben im Alter zu gestalten. Für gerontologische Fachleute bringt das Buch nichts Neues, es kann aber ein Vorbild sein, wie nüchterne Fakten das Alter betreffend interessant dargestellt werden können.

Johannes Kipp (Baunatal)

Elfner P (2008) Personzentrierte Beratung und Therapie in der Gerontopsychiatrie. München Basel (Reinhardt) 126 Seiten, € 19,90

Der erste Teil des Buches beinhaltet eine kenntnisreiche Darstellung des Wissens über das Altern und das Alter sowie über die gerontopsychiatrische Versorgung (schwerpunktmäßig in der Schweiz). Die Kapitel über den theoretischen Hintergrund des personzentrierten Ansatzes und die Schwierigkeiten dessen Anwendung in der Gerontopsychiatrie bleiben hinsichtlich der Altersproblematik ebenso wie die Überlegungen zum geragogischen (im Gegensatz zum pädagogischen) Handeln relativ allgemein. Der Begriff »personzentriert« wird mit den Begriffen »klientenzentriert« und »gesprächstherapeutisch« gleichgesetzt und hat nichts mit dem sozialpsychiatrischen Begriff der Personenzentrierung (im Gegensatz zur Institutionszentrierung) zu tun.

Spannend sind in diesem Buch die ausführlich dargestellten Fallberichte und Therapiedialoge, in denen ungeschönt die vielfältigen Schwierigkeiten im Umgang mit alten, psychisch kranken Patienten aufgezeigt werden. Die beschriebenen Dialoge zeigen, dass der Autor die Patienten als individuelle Personen mit ihren krankheitsbedingten Einschränkungen sehr ernst nimmt und sie nicht nur als Beispiele für Krankheitsbilder darstellt. Auch der Umgang mit ihnen wird in den protokollierten Dialogen deutlich. Bei einem solch intensiven psychotherapeutischen Vorgehen entwickelt sich eine therapeutische Beziehung, die sich auch in Krisensituation als tragfähig und hilfreich erweist, worauf der Autor selbst hinweist. Für Rezensenten ist die beschriebene therapeutische Arbeit beispielhaft für einen guten psychotherapeutischen Umgang mit alten, schwer kranken Menschen, nicht aber für eine bestimmte psychotherapeutische Methode.

Johannes Kipp (Baunatal)

2006 · 286 Seiten · gebunden
ISBN 978-3-89806-924-3

Bisher gibt es wegen der in der Vergangenheit unzureichenden Quellenlage keine umfassende Biografie des SS-Standortarztes von Auschwitz, Dr. med. Eduard Wirths. Inzwischen sind neue Quellen zugänglich geworden; vor allem aber haben ehemalige Auschwitz-Häftlinge unabhängig voneinander umfangreiche Erklärungen über Eduard Wirths abgegeben, aus denen seine Bedeutung für die Widerstandsbewegung im Lager deutlich wird. Zusammen mit den präzisen Erinnerungen, die sein Bruder Helmut und die Ehefrau Traudl Wirths zu Protokoll gaben, ist nun eine detaillierte Beschreibung des Lebens Eduard Wirths' möglich – insbesondere seiner Entwicklung vom zeittypischen »Mitläufer« der Vorkriegsjahre hin zum aktiven, wenngleich schuldverstrickten Widerstand gegen die rassistische Vernichtungsorgie des Nationalsozialismus während des Zweiten Weltkriegs.

2006 · 300 Seiten · Broschur
ISBN 978-3-89806-504-7

Anhand von Zeitdokumenten rekonstruiert die Autorin die Geschichte ihres Vaters und seiner Familie. Sie will verstehen, warum sich dieser so bedingungslos den Nazis anschloss und noch am letzten Kriegstag einen unfassbaren Mord beging, für den er nie die Verantwortung übernahm.

Mit dieser hintergründigen und persönlichen Untersuchung liefert Ute Althaus ein differenziertes Psychogramm eines faschistischen Mitläufers und Nazitäters.

P🔲V
Psychosozial-Verlag

Goethestr. 29 · 35390 Gießen · Tel. 0641/9716903 · Fax 77742
bestellung@psychosozial-verlag.de
www.psychosozial-verlag.de

Zum Titelbild

Sommerblumen

Ehri Haas (Kassel)

Dieses Bild entstand in der wöchentlich stattfindenden Maltherapiegruppe der Tagesklinik für Psychogeriatrie im Gerontopsychiatrischen Zentrum Kassel. Der Gruppenablauf bleibt immer relativ gleich. Wir beginnen mit einer kurzen Entspannungsübung. Dann wird das Thema genannt. Die Gruppenteilnehmer verbleiben in der entspannten Position solange, bis sie ein Bild vor Augen haben. Dann können sie anfangen zu malen. Sie haben ca. 45 Minuten Zeit zum Malen. In dieser Phase soll nicht gesprochen werden. Jede bzw. jeder soll möglichst bei ihrem/seinem Bild bleiben. So können sich die Bilder von der Vorstellung bis zur Gestaltung weiter entwickeln. Begleitet wird das Malen von Entspannungsmusik, die bei manchen Patienten inspirierend wirkt. Den Abschluss der Therapiestunde bildet ein Gespräch, in dem jede/r Teilnehmer/in die Gelegenheit hat, über seine momentane Befindlichkeit (angestrengt, entspannt, abgelenkt), über seine Gefühle und über sein Bild zu sprechen. Ich gehe wertschätzend auf jedes Bild ein und versuche Bezüge zum Leben und zur Persönlichkeit jede/r Gestalterin herzustellen. Dies ist für die Teilnehmer/innen ganz wichtig und gibt ihnen Mut, sich weiter auf die Therapie in der Tagesklinik einzulassen.

Das Titelbild wurde im Februar nach dem von mir vorgegebenen Thema gestaltet: »Stellen Sie sich eine Sommerblume vor, bringen Sie diese zu Papier und achten Sie dabei auf Ihre Gefühle!« Frau S., 64 Jahre alt, die Malerin des Bildes, litt an einer quälenden Körperwahrnehmung, die sie hochgradig depressiv werden ließ. Während des Malens konnte sie sich von diesen Qualen ablenken und sich entspannen. Ihre Beschwerden werden in dem Bild nicht deutlich, offensichtlich hat sie noch positive innere Bilder auch in ihrer Krankheitszeit.

Frau S. tat das Malen sehr gut. Nachdem sie sich während dieser tagesklinischen Behandlung stabilisiert hatte und entlassen wurde, nimmt sie nun einmal wöchentlich ambulant an der Maltherapiegruppe teil.

Veranstaltungshinweis

20. Symposium »Psychoanalyse und Altern« am 5. und 6. Dezember 2008 im Gießhaus der Universität Kassel

Thema: »Der alternde Körper und wir«

Bitte wenden Sie sich an die Vorbereitungsgruppe: Dr. Johannes Kipp (*johanneskipp@t-online.de*), Christiane Schrader (*christiane.s.schrader@gmx.de*) und Dr. Bertram von der Stein (*dr.von.der.stein@netcologne.de*).

Informationen und Anmeldung: bei Frau Arlt (Tel. und Fax: 05605 /2715)

Weitere Informationen auf unserer neuen Homepage: *www.psychoanalyse-und-altern.de*

Autorinnen und Autoren

Kirsten Aner, geb. 1963, Dr. rer. pol., Dipl. Agr.Ing. und Dipl.Soz.Arb./Päd., wiss. Assistentin am Institut für Sozialpädagogik und Soziologie der Lebensalter der Universität Kassel. Arbeitsschwerpunkte: Soziale Gerontologie, Soziale Altenhilfe und Soziale Arbeit, Generationen und Soziale Arbeit, zivilgesellschaftliches Engagement im Lebenslauf.

Doris Fastenbauer, geb. 1951, Dr., Klinische- und Gesundheitspsychologin, Psychotherapeutin in freier Praxis. Leitende Psychologin in einem Pflegeheim/ NÖ; Beratung, Supervision und Lehrtätigkeit in verschiedenen Pflegeheimen und Spitälern, Vorsitzende der AG Gerontopsychotherapie (Österr, Bundesverband für Psychotherapie ÖBVP).

Eike Hinze, geb. 1940, ist als Nervenarzt und Psychoanalytiker in freier Praxis und am Berliner Karl-Abraham-Institut als Lehranalytiker tätig. Schwerpunkte seiner Arbeit und Veröffentlichungen sind Fragen der psychoanalytischen Praxis, besonders bei älteren Patienten sowie Berührungspunkte der Psychoanalyse mit anderen Wissenschaften.

Rolf D. Hirsch, geb. 1946 in München, Prof. Dr. phil. Dr. med., Dipl.-Psych. Facharzt für Nervenheilkunde, Psychoanalyse (DGPT) und psychotherapeutische Medizin, Chefarzt der Abteilung für Gerontopsychiatrie und -psychotherapie, gerontopsychiatrisches Zentrum, Präsident der Deutschen Akademie für Gerontopsychiatrie und -psychotherapie. Derzeitige Arbeitsschwerpunkte: Aggression und Gewalt im Alter, ethische Fragen, gerontopsychiatrische/-psychotherapeutische Versorgungsforschung, Alterspsychotherapie, Heiterkeit und Humor im Alter.

Johannes Kipp, geb. 1942, Dr. med., Facharzt für Neurologie und Psychiatrie und für psychotherapeutische Medizin, Psychoanalytiker (DPV) und Gruppenlehranalytiker, Direktor der Klinik für Psychiatrie und Psychotherapie und der Klinik für psychosomatische Medizin und Psychotherapie am Klinikum Kassel. Buchveröffentlichungen zur Psychosentherapie (gemeinsam mit Unger und Wehmeier) »Beziehung und Psychose« (2. Aufl. 2006) und zur Gerontopsychiatrie und -psychotherapie (gemeinsam mit Jüngling) »Einführung in die praktische Gerontopsychiatrie« (4. Aufl. 2007), Mitherausgeber und Schriftleiter der Zeitschrift »Psychotherapie im Alter«.

Erich Schützendorf, geb. 1949, Diplom-Pädagoge, Leiter des Fachbereichs »Fragen des Älterwerdens« und stellv. Direktor an der VHS Kreis Viersen. Zahlreiche Veröffentlichungen zu den Themen: Altenbildung, Altenpflege und Demenz Begleitet, berät und schult seit mehr als 30 Jahren Mitarbeiter(innen) in Pflegeheimen.

Bertram von der Stein, geb. 1958, Dr. med., Psychoanalytiker (DGPT, DPG), Dozent am Institut für Psychoanalyse und Psychotherapie Düsseldorf, Arzt für Psychotherapeutische Medizin, Arzt für Psychiatrie und Psychotherapie. Von 1995 bis Ende 2003 in verschiedenen psychosomatischen Kliniken im nördlichen Rheinland u. a. in leitenden Funktionen tätig. Erfahrungen in psychosomatischer Rehabilitation und Psychotherapie mit Älteren und Migranten. Seit Mai 2003 niedergelassener Psychoanalytiker in eigener Praxis. Veröffentlichungen v. a. über Ich-strukturelle Störungen, Alkoholismus, autodestruktives Verhalten, Kriegstraumatisierungen und Migration.

Martin Teising, geb. 1951, Prof. Dr. phil., Facharzt für Psychiatrie und Psychotherapie, Psychotherapeutische Medizin, Psychoanalytiker (DPV, IPA). Ehemaliges Vorstandsmitglied der Deutschen Gesellschaft für Gerontopsychiatrie und -psychotherapie (DGGPP). Lehrt am Fachbereich Soziale Arbeit und Gesundheit an der Fachhochschule Frankfurt a. M. in den Studiengängen Pflege und Pflegemanagement. Vorsitzender des Alexander Mitscherlich Instituts für Psychoanalyse und Psychotherapie e. V. Kassel, Mitglied der Arbeitsgruppe Psychoanalyse und Altern. Arbeiten zu Suizidalität und Narzissmus im Alter, zur Pflegebeziehung, zur Funktion der Kontaktschranke, zur Psychosomatik des Diabetes mellitus und zu Krankheitsrepräsentanzen.

www.ingramcontent.com/pod-product-compliance
Lightning Source LLC
Chambersburg PA
CBHW020615270326
41927CB00005B/350